Pensamento criativo

Michael Michalko

Pensamento criativo

EDITORA HÁBITO
Avenida Recife, 841 — Jardim Santo Afonso — Guarulhos, SP
CEP 07215-030 — Tel.: 0 xx 11 2397-1019
contato@editorahabito.com.br — www.editorahabito.com.br
/editorahabito @editorahabito

PENSAMENTO CRIATIVO
©2023, Michael Michalko
Originalmente publicado em inglês sob o título:
Creative Thinkering
Publicado com autorização contratual.
Original em inglês por New World Library, uma divisão da
Whatever Publishing Inc. (Califórnia, EUA).

Todos os direitos desta edição em língua portuguesa são reservados
e protegidos por Editora Hábito pela Lei 9.610, de 19/02/1998.
É proibida a reprodução desta obra por quaisquer meios (físicos, eletrônicos
ou digitais), salvo em breves citações, com indicação da fonte.

As opiniões expressas nesta obra refletem o ponto de vista de seus autores
e não são necessariamente equivalentes às da Editora Hábito ou de sua equipe editorial.

Os nomes das pessoas citadas na obra foram alterados nos casos
em que poderia surgir alguma situação embaraçosa.

Todos os grifos são do autor, exceto indicação em contrário.

Todas as citações foram adaptadas segundo o Acordo Ortográfico da
Língua Portuguesa, assinado em 1990, em vigor desde janeiro de 2009.

Editoras responsáveis: Gisele Romão da Cruz e Sarah Lucchini
Editor-assistente: Aline Lisboa M. Canuto
Tradução: Marsely Dantas
Revisão de tradução: Andrea Filatro
Revisão de provas: Sônia Freire Lula Almeida, Vânia Valente,
Eliane Viza B. Barreto e Jacqueline Mattos
Projeto gráfico: Claudia Fatel Lino e Vanessa S. Marine
Diagramação: Marcelo Alves de Souza e Vanessa S. Marine
Capa: Vinicius Lira

1. edição: nov. 2023

Dados Internacionais de Catalogação na Publicação (CIP)
(Câmara Brasileira do Livro, SP, Brasil)

Michalko, Michael
  Pensamento criativo : faça sua imaginação funcionar / Michael Michalko ;
[tradução Alberto Dure]. -- 1. ed. -- São Paulo : Editora Hábito, 2023.

  Título original: *Creative thinkering : putting your imagination to work*
  ISBN 978-65-84795-12-9

  1. Habilidade criativa 2. Imaginação 3. Pensamento criativo I. Título.

22-123453   CDD-153.35

Índices para catálogo sistemático:
1. Pensamento criativo   153.35
Cibele Maria Dias - Bibliotecária - CRB-8/9427

> À MINHA ESPOSA, ANNE, COM QUEM ME CASEI NÃO PORQUE ELA SEJA UMA PESSOA COM QUEM EU PODERIA VIVER, MAS PORQUE ELA É A PESSOA SEM A QUAL EU NÃO CONSEGUIRIA VIVER.

AGRADECIMENTOS..9

INTRODUÇÃO 11

PARTE 1
PENSAMENTO CRIATIVO

1. UMA VEZ FOMOS CRIATIVOS...**23**

2. AS MESMAS IDEIAS DE SEMPRE....................................**33**

3. PENSANDO COMO UM GÊNIO.......................................**41**

4. A PRIMEIRA IDEIA..**53**

5. POR QUE NÃO PENSEI NISSO?......................................**65**

6. O SEGREDO DE LEONARDO DA VINCI **81**

7. MODIFIQUE A MANEIRA DE VER
AS COISAS, E AS COISAS QUE VOCÊ VÊ
SERÃO MODIFICADAS **107**

8. TIQUE-TOQUE OU TOQUE-TIQUE?....................**125**

9. PENSE O IMPENSÁVEL..**141**

10. IDEIAS VINDAS DE DEUS......................................**159**

PARTE 2
O PENSADOR CRIATIVO

11. A INTENÇÃO É A SEMENTE DO
PENSAMENTO CRIATIVO..**175**

12. MODIFIQUE A MANEIRA DE FALAR, E
VOCÊ MODIFICARÁ A MANEIRA DE PENSAR........**189**

13. TRANSFORME-SE NAQUILO QUE
VOCÊ FINGE SER..**203**

CONCLUSÃO DANÇANDO NA CHUVA........................**219**

APÊNDICE **231**

PALAVRAS ALEATÓRIAS...**231**

SOBRE O AUTOR..**239**

Agradecimentos

Em Hanau, Alemanha, conheci Franz, um holandês que tinha lido o meu livro *Thinkertoys*. Ele me contou que trabalhou muitos anos como gerente intermediário de uma grande empresa. Ganhava bem e tinha um cargo impressionante. Basicamente, considerava que o trabalho era um pouco mais do que transformar trabalhadores em companheiros leais da equipe da empresa. Todos os dias, sentia que o trabalho fazia cada vez menos sentido, contudo, tinha dificuldade de imaginar como poderia ganhar a vida de outra maneira.

O meu livro *Thinkertoys* o inspirou a aprender todas as possibilidades sobre o pensamento criativo, por isso, ele participou de um curso de pensamento criativo na Universidade de Copenhague. Em seguida, começou a ter todos os tipos de ideias inovadoras, criando novas formas de fazer as coisas em sua área de atuação, a ponto de surgirem até novas maneiras de projetar banquetas e mesas. Fazer móveis era sua paixão. E tomar consciência de sua capacidade de pensar criativamente o fez perceber pela primeira vez que ele poderia mudar sua vida.

Um professor na universidade ficou encantado com suas ideias para projetar móveis inovadores e ecologicamente corretos, e insistiu até conseguir que Franz largasse o emprego e abrisse o próprio negócio de *design* de móveis, que tem sido um enorme sucesso. Franz me deu um poema de Guillaume Apollinaire que, segundo ele, o faz lembrar do professor que o incentivou a viver seu sonho.

— Venham até a borda — ele disse.
— Temos medo — eles disseram.
— Venham até a borda — ele insistiu.
— Temos medo de cair — eles responderam.
Eles foram.
Ele os empurrou.
E eles voaram.

Quero agradecer ao professor de Franz e a todas as pessoas que ensinam os demais a ser mais criativos nos negócios e na vida pessoal. Entre os melhores especialistas, professores, treinadores e consultores em pensamento criativo do mundo estão Kelvin Fung (Hong Kong), Charles Prather, Terry Stickels, Peter Lloyd, Roger von Oech, Andre de Zanger, Bryan Mattimore, Edward de Bono, Joyce Wykoff, James Adams, Ray Anthony, Winston J. Brill, PhD, Robert Alan Black, PhD, Michael Gelb, Win Wenger e Tony Buzan. Eles estão entre os meus heróis que ensinam as pessoas a superar os medos e as dúvidas em relação às suas habilidades, mostrando como podem se transformar em pensadores criativos, incentivando-os a ir além de seus limites para que possam chegar até a borda e voar.

Introdução

POR QUE ALGUMAS PESSOAS SÃO CRIATIVAS E OUTRAS NÃO?

A pergunta principal não é: "Por que algumas pessoas são criativas e outras não?". A pergunta-chave é: "Por que, em nome de Deus, não somos todos criativos?". Onde e como nosso potencial se perdeu? Como ficou embotado? Por que a educação inibe a criatividade? Por que os educadores não conseguem fomentar ainda mais a criatividade? Por que, quanto mais espertas as pessoas são em suas respectivas áreas, menos criativas e inovadoras se tornam? Por que as pessoas que sabem mais criam menos, e as pessoas que sabem menos criam mais? Por que as pessoas ficam assustadas quando alguém cria algo, como se isso tivesse acontecido por milagre?

Fomos educados para processar a informação com base nos acontecimentos passados, na opinião dos pensadores do passado, e no que existe agora. Uma vez que acreditamos saber como conseguir a resposta, tendo por base o que nos foi ensinado, deixamos de pensar. A palavra em espanhol para "resposta" é *respuesta*, e ela tem a mesma raiz etimológica de *responso* ("responsório"), a oração que as pessoas fazem aos mortos. Existe uma relação com algo que não tem mais vida. Em outras palavras, quando alguém acredita que sabe todas as respostas baseando-se no que aconteceu no passado, o pensamento morre.

É por isso que, quando a maior parte das pessoas usa a imaginação para desenvolver ideias inovadoras, estas estão fortemente estruturadas em formas previsíveis pelas propriedades das categorias e dos conceitos existentes. O pensamento criativo requer a habilidade de gerar uma série de associações e conexões entre dois ou mais assuntos distintos, com novas categorias e novos conceitos. Não fomos ensinados a processar a informação dessa maneira.

COMBINAÇÃO CONCEITUAL

A chave para gerar criativamente associações e conexões entre temas diferentes é a combinação de conceitos. Esse é um processo do pensamento criativo que requer a combinação de dois ou mais conceitos no mesmo espaço mental para formar novas ideias.

Imagine, por um momento, que o pensamento seja como a água. Quando nascemos, nossa mente é como um copo de água. O pensamento é inclusivo, claro e fluido. Todos os pensamentos estão interligados e se misturam uns com os outros, fazendo todo tipo de associação. É por essa razão que as crianças são espontaneamente criativas.

Na escola, aprendemos a definir, a rotular e a separar os assuntos em categorias diferenciadas. As diversas categorias são mantidas separadas e não têm permissão de se tocar mutuamente; algo muito parecido com cubos de gelo em uma forma. Uma vez que aprendemos e categorizamos algo, nosso pensamento em relação a isso é congelado. Por exemplo, assim que aprendemos o que é um abridor de latas, sempre que alguém mencionar "abridor de latas", saberemos exatamente do que se trata.

Quando nos confrontamos com um problema, aprendemos a examinar o gelo na forma e a selecionar o cubo apropriado. Então esse cubo é colocado em um copo no qual o pensamento é aquecido e derrete. Por exemplo, se o problema é "melhorar o abridor de lata", o copo conterá tudo o que aprendemos sobre abridores de lata, e nada mais. Pensamos de forma exclusiva, ou seja, somente

INTRODUÇÃO

no que aprendemos sobre abridores de lata. Não importa quantas vezes a água for agitada, acabaremos criando, na melhor das hipóteses, uma melhora marginal.

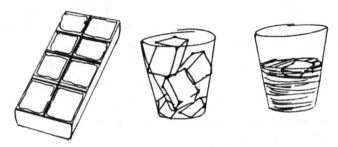

Contudo, se escolhermos outro cubo (por exemplo, legumes) e o colocarmos no mesmo copo com o cubo do abridor de latas, o pensamento será aquecido e derretido como se tudo fosse um só fluido. Agora, se agitarmos a água, mais associações e conexões serão feitas, e as possibilidades criativas serão muito maiores. O cubo de legumes, combinado ao do abridor de latas, pode nos inspirar a pensar em como os legumes se abrem na natureza. Por exemplo, quando as vagens ficam maduras, uma costura enfraquece e se abre, libertando as ervilhas. Isso pode nos inspirar a ter ideias inovadoras. Podemos, por exemplo, fabricar latas com as costuras enfraquecidas que podem ser retiradas para abri-las. Não é possível ter esse tipo de ideia inovadora usando a forma convencional de pensar.

O que acontece quando pensamos simultaneamente, no mesmo espaço mental, em uma ducha enquanto um telescópio orbita ao redor da Terra? Quando lançaram o telescópio Hubble pela primeira vez no espaço, os cientistas não conseguiam focá-lo. Só conseguiram ajustar o foco usando pequenos espelhos em formato de moedas. O problema estava no transporte dos espelhos e na inserção precisa no local apropriado. Os especialistas da Nasa que trabalharam nessa questão não foram capazes de encontrar uma solução, e o telescópio de milhões de dólares Hubble parecia estar fadado ao fracasso.

O engenheiro elétrico James Crocker estava assistindo a um seminário na Alemanha quando ficou sabendo dessa situação.

Trabalhou nisso o dia todo. Cansado, foi tomar uma ducha em seu quarto de hotel.[1] O chuveiro tinha um estilo europeu e era articulado e ajustável. Ao manipulá-lo, Crocker subitamente percebeu que os braços articulados que transportavam os espelhos em formato de moeda poderiam ser esticados até o feixe de luz por dentro de um substituto axial dirigido via controle remoto. A combinação mental do telescópio Hubble com o chuveiro permitiu essa notável solução.

Crocker ficou pasmo com a percepção súbita da solução que era imensamente abrangente e ao mesmo tempo repleta de detalhes. Como ele mesmo disse posteriormente: "Consegui ver os espelhos do Hubble no chuveiro".[2]

Os especialistas da Nasa não conseguiram resolver o problema pensando de forma tradicional e linear. Crocker resolveu pensando de forma não convencional, forçando conexões entre dois assuntos remotamente diferentes.

Veja a seguinte ilustração do quadrado e do círculo. Ambos são entidades separadas.

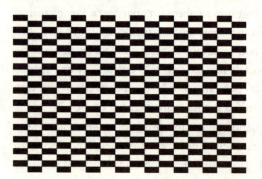

---

[1] Uma explicação detalhada da missão da Nasa pode ser encontrada em TATAREWICZ, Joseph N. The Hubble Space Telescope Servicing Mission. In: MACK, Pamela E. (ed.) **From Engineering Science to Big Science.** Nasa History Series. Washington, DC: Nasa History Office, 1998. cap. 16. Disponível em: <http://history.nasa.gov/SP-4219/Chapter16.html>. Acesso em: 29 set. 2022.

[2] Citado em HANG On, Hubble; Help Is on the Way. **Baltimore Sun Magazine**, 14 mar. 1993. p. 1/18.

INTRODUÇÃO

Agora observe o extraordinário efeito que elas produzem ao serem combinadas. Há algo misterioso que parece dar movimento às formas. Esse efeito pode ser obtido simplesmente pela combinação desses dois objetos distintos no mesmo espaço. O poder do efeito não está contido no círculo nem no quadrado, mas na combinação de ambos.

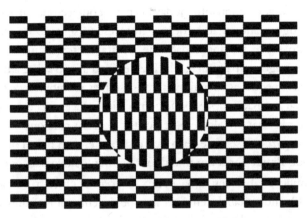

A criatividade em todos os âmbitos, incluindo a ciência, a tecnologia, a medicina, as artes e a vida cotidiana, emerge da operação mental básica de combinar de forma conceitual assuntos diferentes. Ao serem analisadas, as ideias criativas sempre são novas combinações de velhas ideias. Um poeta geralmente não inventa palavras novas; ele combina palavras velhas de novas maneiras. O poeta francês Paul Valéry é citado pelo matemático Jacques Hadamard da seguinte forma: "É preciso dois para inventar algo.[3] Um inventa combinações; o outro escolhe, reconhece o que deseja e o que é importante entre a variedade de coisas oferecidas pelo primeiro". Valéry dizia que, quando escrevia poesia, usava duas estratégias mentais para inventar algo novo. Com uma estratégia fazia combinações; com a outra, escolhia o que era importante.

---

[3] Citado em SHAPOSHNIKOVA, T. O. **Jacques Hadamard, a universal mathematician.** Providence, RI: American Mathematical Society, 1999.

Pensamento criativo

Consideremos a teoria da relatividade de Einstein. Ele não inventou os conceitos de energia, massa ou velocidade da luz. Contudo, combinou essas ideias para usá-las de forma nova e útil.

Pense por um momento em uma pinha. Que relação pode haver entre uma pinha e o processo de leitura e escrita? Na França, em 1818, um garoto de 9 anos ficou cego ao sofrer um acidente com um furador enquanto ajudava o pai a confeccionar arreios de cavalo. Alguns anos mais tarde, o garoto estava sentado no jardim, pensando sobre sua inabilidade de leitura e escrita quando um amigo entregou uma pinha a ele. Ele deslizou a mão sobre a fruta e percebeu as pequenas diferenças entre as escamas. Combinou de forma conceitual a sensação desse toque com a leitura e a escrita e percebeu que poderia criar um alfabeto de pontos elevados para que os cegos fossem capazes de sentir e ler o que estivesse escrito nele. Foi assim que Louis Braille abriu um mundo inteiramente novo para os cegos.

Braille estabeleceu uma conexão criativa entre a pinha e a leitura. Quando estabelecemos uma conexão entre dois assuntos que não têm relação alguma, a imaginação dá um salto para preencher as lacunas, formando uma totalidade a fim de encontrar sentido. Suponha que estejamos observando um mímico representando um homem que leva o cachorro para passear. O homem estica o braço como se estivesse segurando a guia. À medida que o homem se movimenta para a frente e para trás, podemos "ver" o cão puxando a coleira para cheirar isso ou aquilo. O cão e a coleira se convertem na parte mais real da cena, embora não haja cão nem coleira alguma. Da mesma forma, quando fazemos conexões entre um assunto e algo que seria totalmente alheio a ele, a imaginação preenche as lacunas e gera ideias. É essa vontade de usar a imaginação para preencher lacunas que produz a ideia imprevisível. Por isso, Einstein afirmou que a imaginação é mais importante que o conhecimento.

Assim como a combinação de conceitos permite que as informações se misturem na mente do indivíduo, quando as pessoas trocam pensamentos com outros de áreas diferentes, elas criam novos e excitantes padrões de pensamento para ambos. Como

INTRODUÇÃO

Brian Arthur argumenta em seu livro *The Nature of Technology*, quase todas as tecnologias resultam de combinações de outras tecnologias, e novas ideias geralmente vêm de pessoas de diferentes áreas que combinam pensamentos e ferramentas. Um exemplo é a pílula com câmera, inventada após uma conversa entre um gastroenterologista e um projetista de mísseis guiados.

O LIVRO

O meu propósito ao escrever este livro é enfatizar a importância da combinação conceitual para o pensamento criativo nos negócios e na vida pessoal. A combinação conceitual de assuntos e ideias distintas é o fator mais importante no pensamento criativo. Os tópicos apresentados são os seguintes:

- Todos nascemos pensadores espontâneos e criativos.
- Como os padrões de pensamento inculcados em nós pelos educadores nos impedem de usar a criatividade natural.
- Por que os gênios são gênios e como os gênios usam a combinação de conceitos para criar ideias inovadoras.
- Como a combinação conceitual inspirou o pensamento criativo ao longo da história, remontando à invenção do fogo.
- Como pensar diferente procurando conexões analógicas entre as essências, as funções e os padrões de assuntos distintos.
- Como combinar os problemas com estímulos aleatórios para criar ideias originais.
- Como mudar a maneira em que as coisas são, variando a forma de você olhar para elas.
- Como combinar opostos e pensar paradoxalmente.
- Como combinar ideias "loucas" e "absurdas" com as suas para provocar estruturas de pensamentos novos e interessantes.
- A importância de incubar o pensamento e quando fazê-lo.

Nos três capítulos finais, espero transmitir os três traços notáveis que todos os gênios criativos têm em comum:

- A importância da intenção e como usá-la para desenvolver uma mentalidade criativa.
- Como mudar os padrões de pensamento alterando a forma de falar.
- Como alcançar o que se deseja.

A conclusão do livro contém histórias sobre o potencial humano e pessoas que tiveram a coragem e a vontade de superar adversidades pessoais. Ao longo do livro, proponho experimentos mentais desenvolvidos por mim: uma variedade de perguntas para ponderar, técnicas de pensamento criativo, ilusões e quebra-cabeças para inspirar o pensamento.

Intitulei este livro de *Pensamento criativo*, do original inglês *Creative Thinkering*. A palavra *thinkering* é uma combinação entre "pensador" (*thinker*) e "pensamento" (*thinking*). Esses dois termos estão aglutinados e simbolizam de que maneira a personalidade criativa e o pensamento criativo, tais como a forma e o conteúdo, são processados na natureza e estão inextricavelmente ligados.

O EFEITO BORBOLETA

Você escolhe como viver a vida. Você cria a própria realidade. Você pode escolher ser um objeto na vida e deixar que os outros lhe digam quem é e o que você consegue ser. Ou pode escolher ser o sujeito da sua vida e determinar o próprio destino, transformando-se em um pensador criativo. Este livro ajudará você a se transformar, da mesma forma que uma lagarta se transforma em borboleta.

Certo dia, quando eu tinha 10 anos, estava subindo uma colina para colher amoras com Dido, meu avô, quando ele parou e pegou uma lagarta.

— Olhe para isso. O que você vê?

INTRODUÇÃO

— Uma lagarta — eu disse.

— Um dia ela se transformará em uma linda borboleta. Olhe com atenção e me diga se você consegue ver algo que indique que isso acontecerá.

Estudei a lagarta cuidadosamente procurando um sinal e disse finalmente:

— Dido, não há nada na lagarta que me diga que ela será uma borboleta.

— Exatamente! — meu avô exclamou. — E não há nada no seu exterior que mostre aos outros no que você se transformará. Lembre-se disso. Quando as pessoas disserem que você não pode fazer algo nem se tornar alguma coisa, lembre-se da lagarta. Você não pode ver o que está acontecendo dentro da lagarta, e as pessoas não podem ver o que se passa no seu coração ou na sua mente. Somente você, como a lagarta, sabe em que é capaz de se tornar.

Penso na lagarta e na borboleta quando penso em como as pessoas podem mudar. Na metamorfose, pequenas partículas que os biólogos chamam de células imaginárias começam a surgir no corpo da lagarta. A princípio, elas têm dificuldade em sobreviver, até que começam a se combinar e a interagir umas com as outras, tornando-se mais fortes e capazes de resistir ao ataque do sistema imunológico. Então, essas células imaginárias substituem as células da lagarta, e a lagarta se transforma em uma borboleta.

Acho que é uma bela metáfora para o processo de transformação da personalidade criativa. Não herdamos os nossos traços comportamentais diretamente, pelos genes. Em vez disso, desenvolvemos traços pelo processo dinâmico de interação com o ambiente. Pense nessas características como células imaginárias, que precisam se fortalecer e mudar para que você se torne uma pessoa criativa.

No início, as alterações podem ter dificuldade em sobreviver (como as primeiras células da borboleta), mas com o tempo, à medida que você trabalhar sistematicamente para mudar percepções, padrões de pensamento, padrões de fala, atitudes e maneiras de agir, verá que essas forças se combinam e mudam a sua maneira de interagir com o mundo. Como uma lagarta surpreendida quando se transforma em borboleta, você ficará surpreso quando perceber que passou de um espectador medíocre e passivo a um pensador criativo e ativo, capaz de mudar o mundo.

PARTE 1
Pensamento criativo

> Começo a me perguntar quantas coisas assumiriam subitamente novos significados se pudessem perceber as conexões.
> ROBERT SCOTT-BERNSTEIN

Somos educados a sermos pensadores analíticos e lógicos. Consequentemente, temos a capacidade de estabelecer associações comuns entre assuntos relacionados ou pelo menos remotamente relacionados. Somos muito melhores ao associar duas coisas próximas (por exemplo, maçãs e bananas são frutas) do que quando nos forçamos a ver conexões entre coisas que não parecem estar associadas (por exemplo, um abridor de latas e uma vagem).

Jeff Hawkins, em seu livro *On Intelligence*, explica que a nossa habilidade de associar conceitos relacionados limita a nossa criatividade. Estabelecemos muros mentais entre associações de conceitos relacionados com conceitos que não estão relacionados. Por exemplo, se nos pedirem para melhorar um abridor de latas, estabeleceremos conexões entre todas as experiências comuns e as associações com abridores de lata. A nossa fixação com as associações comuns produzirá ideias para abridores de latas muito semelhantes aos já existentes.

Desenvolver a habilidade de forçar conexões entre coisas que não estão relacionadas derrubará os muros entre os conceitos relacionados e os que não estão. Que conexões, por exemplo, você pode se forçar a ver entre um abridor de latas e uma vagem?

A função de um abridor de latas é "abrir". Como se abrem as coisas em outros domínios? Por exemplo, na natureza, uma vagem se abre quando uma costura enfraquece à medida que a vagem amadurece. Pensar simultaneamente em uma vagem e em um abridor de latas no mesmo espaço mental forçará uma conexão mental entre a costura da vagem e um abridor de latas. Isso inspira a ideia de abrir uma lata puxando uma costura fraca (como a de uma vagem). Em vez de uma ideia para melhorar o abridor de latas, produzimos uma ideia para um novo *design* de lata. Essa ideia nunca seria possível se usássemos o pensamento convencional.

Este é um exemplo de combinação conceitual, que é o ato de combinar ou relacionar elementos não relacionados para resolver problemas, criar ideias inovadoras e até mesmo voltar a trabalhar ideias antigas. O sucesso é obtido porque não é possível pensar em dois assuntos, por mais remotos que sejam, sem estabelecer conexões entre eles. Não é por acaso que as pessoas mais criativas e inovadoras ao longo da história foram especialistas em forçar novas conexões mentais por meio da combinação conceitual de assuntos não relacionados.

A Parte 1 deste livro explora a natureza da combinação conceitual e dá exemplos práticos de como usar essa técnica de diversas maneiras a fim de inspirar ideias inovadoras e soluções para os problemas.

1

Uma vez fomos criativos

> Toda criança é um artista.
> O problema é como manter-se artista depois de crescida.
> PABLO PICASSO

Todos nascemos espontâneos e criativos. Todos. Quando crianças, aceitamos todas as coisas igualmente. Abraçamos todos os tipos de possibilidades estranhas para qualquer tipo de coisa. Quando somos pequenos, sabemos que uma caixa era muito mais do que mero recipiente. Uma caixa pode ser um forte, um carro, um tanque, uma caverna, uma casa, algo para desenhar e até mesmo um capacete espacial. A nossa imaginação não foi estruturada de acordo com nenhum conceito nem com categorias existentes. Quando crianças, não nos esforçamos para eliminar possibilidades; esforçamo-nos para expandi-las. Somos todos surpreendentemente criativos e sempre cheios de alegria por explorar diferentes formas de pensar.

Então algo acontece conosco: vamos à escola. Na escola não fomos ensinados a pensar; fomos ensinados a reproduzir o que os pensadores do passado pensaram. Ao deparar com um problema, fomos ensinados a selecionar analiticamente a abordagem mais promissora com base na história, excluindo todas as demais possibilidades, para depois trabalhar de forma lógica em uma direção cuidadosamente definida para chegar a uma solução. Em vez de aprender a procurar possibilidades, fomos ensinados a procurar maneiras de excluí-las. É como se tivéssemos entrado na escola como ponto de interrogação, mas, no final, acabamos nos formando como ponto final.

Consideremos uma criança construindo algo com um jogo de construção Lego. Ela pode construir todos os tipos de estruturas, mas há restrições claras e inerentes ao desenho dos objetos sobre o que pode ser feito com o jogo. As peças não podem ser montadas de qualquer maneira: elas não ficarão juntas se estiverem desequilibradas e se a gravidade as separar. A criança aprende rapidamente quais formas de Lego podem ser agrupadas e quais não podem. Ela acaba construindo uma ampla variedade de estruturas que respeitam as limitações inerentes ao desenho do jogo.

Se a única restrição fosse "faça algo com o plástico" e a criança tivesse à sua disposição todos os métodos para fundir e moldar o plástico, as construções que poderiam ser feitas com Lego atualmente seriam apenas uma pequena parte dos produtos possíveis, e fariam que as construções com Lego parecessem artificiais, não o resultado de motivação, quando comparadas aos demais produtos da criança.

No caso do jogo Lego, as restrições inerentes ao desenho limitam o que pode ser construído. No nosso caso, as estruturas de pensamento que a educação formal instaurou firmemente no nosso cérebro limitam a imaginação e a inventividade.

As nossas estruturas mentais nos permitem simplificar a assimilação de dados complexos e executar tarefas rotineiras com rapidez e precisão, como dirigir um automóvel ou fazer nosso trabalho. O reconhecimento de pautas repetitivas nos proporciona interpretações instantâneas e nos permite reagir rapidamente ao ambiente. Quando alguém pergunta "Quanto é 6 vezes 6?", a soma "36" surge de forma automática na mente. Se um homem nasce em 1952 e morre em 1972, sabemos imediatamente que ele tinha 20 anos.

Embora esse reconhecimento simplifique as complexidades da vida, também dificulta a criação de novas ideias e soluções criativas para os problemas, especialmente quando necessitamos confrontar dados poucos comuns. É por isso que muitas vezes falhamos ao enfrentar um novo problema, que é semelhante a experiências passadas apenas de forma superficial, mas diferente dos problemas encontrados antes de analisarmos sua estrutura profundamente. Por definição, a interpretação de tal problema pelo prisma da experiência passada guiará o pensador a seguir um caminho equivocado. Por exemplo, o homem citado anteriormente morreu aos 49 anos, não aos 20. Neste caso, 1952 é o número do quarto do hospital em que ele nasceu, e 1972 é o número do quarto em que ele morreu.

No experimento mental a seguir, qual táxi está fora da ordem? Veja se você pode resolvê-lo antes de continuar a leitura.

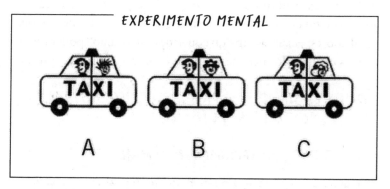

Uma das características de um pensador criativo é a capacidade de tolerar a ambiguidade, a dissonância, a inconsistência e as coisas fora do lugar. Pensadores criativos olharão para os problemas de muitas maneiras diferentes e examinarão todas as variáveis envolvidas, buscando o inesperado. Por exemplo, no problema do táxi, as letras A, B e C também são consideradas parte da totalidade, e não legendas separadas. Para resolver o problema, mova a letra C para a frente da linha de letras para soletrar táxi em inglês: *cab*.

Pensamento criativo

A nossa mente é uma maravilhosa máquina de reconhecimento de padrões. Olhamos a ilustração a seguir e o nosso cérebro reconhece imediatamente um padrão: vemos a palavra *optical* ("óptica"). Quando vemos algo, imediatamente decidimos o que é e seguimos em frente sem pensar muito.

O sucesso ao discernir um tipo de padrão reduz de maneira natural a tendência a reconhecer padrões de outro tipo. Observe que, uma vez que reconhecemos a palavra *optical*, deixamos de reconhecer a palavra *illusion* ("ilusão"). Quanto mais acostumados estivermos a ler uma palavra por si só, com um único significado, mais difícil será reconhecermos algo novo ou diferente em relação a ela. Ou seja, é óptica ou não é óptica. Não prestamos atenção nas formas do fundo. Isso é o que normalmente ocorre na leitura. Como resultado, especialistas em "qualquer tipo de padrão" podem ser os menos qualificados para desenvolver ou criar alguma coisa nova.

SOMOS ENSINADOS A PROCESSAR INFORMAÇÕES DO MESMO JEITO REPETIDAMENTE

EXPERIMENTO MENTAL

Martin Gardner[1] teve uma carreira fenomenal criando vários quebra-cabeças clássicos que foram publicados na revista *Scientific American* e em mais de 70 livros. A seguir, veremos um deles, um quebra-cabeça feito com palitos de dente.

Você consegue transformar o número 100 na palavra *CAT* ("gato") movendo unicamente dois palitos?

---

[1] GARDNER, Martin. **The colossal book of mathematics**. New York: Norton, 2001. Para mais informações sobre Martin Gardner, veja <http://en.wikipedia.org/wiki/Martin_Gardner>.

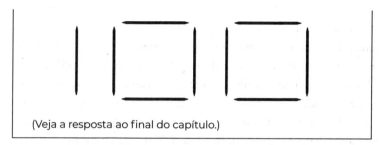

(Veja a resposta ao final do capítulo.)

Para muitos, esse quebra-cabeça é de difícil resolução, porque somos ensinados a processar informações da mesma maneira repetidamente em vez de procurar caminhos alternativos. Quando acreditamos saber o que funciona ou o que pode ser feito, torna-se difícil considerar ideias alternativas. Fomos ensinados a excluir as ideias e os pensamentos diferentes daqueles que aprendemos.

Quando confrontados com uma ideia verdadeiramente original, experimentamos uma espécie de inércia conceitual comparável à lei física da inércia, que afirma que os objetos resistem a mudar seu estado; um objeto em estado de repouso tende a permanecer assim, e um objeto em movimento continua na mesma direção, a menos que alguma força o detenha. Assim como os objetos físicos resistem à mudança, as ideias em repouso também rejeitam as alterações; e as ideias em movimento continuam na mesma direção até serem detidas. Consequentemente, quando as pessoas desenvolvem novas ideias, elas tendem a se parecer com as antigas e não vão muito além das já existentes.

Quando a Univac inventou o computador, a empresa se recusou a conversar com empresários que indagaram sobre essa invenção, pois, segundo eles, o computador foi inventado para cientistas e não tinha absolutamente nenhuma aplicação ao mundo dos negócios. Então veio a IBM, que conquistou o mercado. Em seguida, os especialistas da IBM, incluindo seu CEO, disseram acreditar, com base na experiência no mercado de computação, que praticamente não havia mercado para computadores pessoais. De fato, a pesquisa de mercado indicou que não mais do que cinco ou seis pessoas em todo o mundo precisavam de um computador pessoal.

Curiosamente, uma das regras ensinadas aos alunos de mestrado em administração de empresas é que a surpresa deve ser minimizada no local de trabalho. Muito do que é ensinado aos candidatos ao MBA visa reduzir a ambiguidade e a dissonância para promover a previsibilidade e a ordem nas corporações. No entanto, se essas regras tivessem sido aplicadas sempre ao mundo empresarial, não teríamos lâminas de barbear descartáveis, restaurantes *fast-food*, copiadoras, computadores pessoais, automóveis a preços acessíveis, empresas de logística, micro-ondas, grandes redes de supermercados ou até mesmo a internet.

Mesmo quando buscamos ativamente informações que ponham à prova as nossas ideias, verificando se estão corretas, geralmente ignoramos caminhos que podem nos levar a descobrir alternativas. Isso acontece porque os educadores nos desencorajaram a procurar alternativas à sabedoria dominante. Vejamos a seguir um interessante experimento, originalmente conduzido pelo psicólogo britânico Peter Wason,[2] que demonstra a nossa tendência a não buscar alternativas. Wason apresentava aos sujeitos a seguinte sequência numérica:

2 4 6

Depois, pedia aos sujeitos que escrevessem outros exemplos de tríades que seguissem a mesma regra que esses números e que então explicassem a regra da sequência. Os sujeitos podiam fazer quantas perguntas quisessem sem nenhuma penalidade.

Ele descobriu que, quase invariavelmente, as pessoas inicialmente ofereciam os números "4, 6, 8" ou "20, 22, 24" ou alguma sequência semelhante. Wason dizia: "Sim, esse é um exemplo da regra numérica". Então, os sujeitos propunham algo como "32, 34, 36" ou "50, 52, 54", e assim sucessivamente, todos os números aumentando de dois em dois. Depois de algumas tentativas, e de obter

---

[2] O experimento, projetado em 1966, é geralmente denominado "A tarefa de seleção de Wason". Disponível em: <https://en.wikipedia.org/wiki/Wason_selection_task>.

sempre respostas afirmativas, eles ficavam confiantes de que a regra consistia na ordem crescente dos números de dois em dois, sem explorar possibilidades alternativas.

Na verdade, a regra que Wason havia aplicado era muito mais simples — exigia somente que os números aumentassem. Exemplos de sequências válidas poderiam ser "1, 2, 3", ou "10, 20, 40", ou "400, 678, 10.944". E comprovar tal alternativa seria fácil. Bastava que os sujeitos oferecessem a Wason uma sequência como "1, 2, 3" e a comprovação aconteceria. Ou os sujeitos poderiam ter proposto qualquer série numérica, por exemplo, "5, 4, 3", para ver se isso suscitaria uma resposta positiva ou negativa. E essa informação teria dito muito a eles sobre sua suposição em relação à regra estar ou não correta.

A profunda descoberta que Wason fez foi que a maioria das pessoas processa a mesma informação repetidamente até que se prove o contrário, sem buscar alternativas, mesmo quando não há penalidade por fazer perguntas que tenham uma resposta negativa. Inacreditavelmente, em suas centenas de experimentos, ele nunca teve um exemplo de alguém oferecer espontaneamente uma hipótese alternativa para descobrir se era verdadeira. Em suma, os sujeitos nem tentaram descobrir se havia uma regra mais simples ou uma regra alternativa.

A CATEDRAL

Antes de ir para a escola, a mente é como uma catedral com uma grande nave central em que as informações entram e se misturam e se combinam com outras informações sem distinção. A educação muda isso. Ela transforma a catedral da mente em um amplo salão com portas nas laterais que conduzem a salas privativas, separadas da sala principal.

Quando entra na sala, a informação é reconhecida, rotulada, encaixotada e depois enviada para uma das salas privativas, ficando presa ali. Uma sala é rotulada de "biologia"; outra, de "eletrônica"; outra, de "negócios"; uma sala é para religião;

outra, para agricultura; outra, para matemática, e assim por diante. Somos ensinados que, quando precisamos de ideias ou soluções, devemos ir à sala apropriada, encontrar a caixa apropriada e procurar dentro dela.

Somos ensinados a não misturar o conteúdo das salas. Por exemplo, se estiver trabalhando em um problema de negócios, vá para a sala de negócios, e fique fora de todas as demais salas. Se estiver trabalhando em um problema médico, fique fora da sala de religião; se você for um especialista em eletrônica, fique fora da sala de agricultura, e assim por diante. Quanto mais estudo as pessoas têm, mais salas e locais privativos possuem, mais especializadas e especialistas se tornam, e mais limitada fica sua imaginação.

Às vezes acho que é por isso que a pessoa que sabe mais vê menos, e a pessoa que sabe menos vê mais. Talvez seja isso que tenha levado uma criança a inventar a televisão. Philo Farnsworth, de 12 anos, estava lavrando um campo de batata com um arado puxado por cavalos em Rigby, Idaho, enquanto pensava no que o professor de química havia ensinado sobre o elétron e a eletricidade. Philo conceitualmente combinou a lavoura de um campo de batatas com os atributos dos feixes eletrônicos e percebeu que um feixe de elétrons poderia escanear imagens da mesma maneira que agricultores lavravam o campo, fileira por fileira, ou da mesma forma que uma pessoa lê um livro, linha por linha. (Curiosamente, a primeira imagem transmitida[3] foi o símbolo de um cifrão de dólar.) Surpreendentemente, isso aconteceu em 1921, e foi uma criança que concebeu a ideia de televisão, enquanto a mentalidade de milhares de especialistas foi impedida de olhar para as mesmas informações para as quais sempre tinham olhado e ver algo diferente.

Talvez o efeito sufocante da educação sobre a imaginação também seja motivo de Leonardo da Vinci ser considerado o maior gênio de toda a história. Leonardo, um erudito, não foi autorizado a frequentar a universidade porque era fruto de uma união não oficializada pelo matrimônio. Por causa da falta de educação formal, sua mente

---

[3] BELLIS, Mary. Philo Farnsworth. **The inventors**, s.d. Disponível em: <http://inventors.about.com/library/inventors/blfarnsworth.htm>. Acesso em: 29 set. 2022.

era como uma catedral com uma grande nave central e sem salas privativas. Ele desfrutava de enorme fluidez de pensamento, pois seus conceitos, pensamentos e ideias combinavam-se e dançavam uns com os outros. Sua mente integrava informações em vez de segregá-las. Por isso ele era tão sábio, um verdadeiro polimático. Ele criou grandes inovações no campo da arte, da ciência, da engenharia, da ciência militar e da medicina.

Resposta do quebra-cabeça: O quebra-cabeça é difícil porque estamos acostumados a olhar para a informação de uma única forma. Para resolver o problema, você deve alterar o jeito de olhar para ele, invertendo a ordem, deixando os quadrados à esquerda e o número um à direita. Em seguida, pegue o palito mais à direita do quadrado mais à esquerda e mova-o sobre o número um para formar um T. No quadrado do meio, levante o palito de baixo para o meio do quadrado para formar um A. Agora você tem "CAT".

Reorganize os palitos da direita para a esquerda:

Em seguida, mova dois palitos para formar a palavra CAT:

2
As mesmas ideias de sempre

POR QUE VOCÊ SEMPRE TEM AS MESMAS VELHAS IDEIAS O TEMPO TODO?

Leia o seguinte:

> **EXPERIMENTO MENTAL**
>
> Segnudo um epxerimnteo da Uinvesriddae de Cmabridge,[1] não imoprta a oredm em que etsão as lteras de uma palvara. A úinca cosia que impotra é que a prrimeia e a úlitma lerta etsejam no luagr corrtteo. O resttnae pode etsar em deosrdem ttoal que toods conesguirão ler sem prbolema auglm. Isso se dvee ao ftao de que, uma vze que aprednemos a escreevr, começaoms a ordnear as letars na nssoa metne praa ver o que espemoras ver. A metne humnaa não lê cada lerta saepdaramnete, mas, sim, a palvara cmoo um tdoo. Fazeoms isso de froma incosncietne.

Incrível, não é mesmo? Essas são letras misturadas, não palavras, mas a nossa mente as vê como palavras. Como isso é possível? Como a nossa mente faz isso?

---

[1] Para um comentário sobre esse parágrafo, cuja origem é desconhecida, veja: <http://www.mrc-cbu.cam.ac.uk/people/matt.davis/Cambridge/>, ou em: <www.ozzu.com/general-discussion/research-from-cambridge-university-reading-t1693.html>.

Pense em sua mente como uma tigela de manteiga com uma superfície perfeitamente plana. Imagine derramar suavemente água quente na manteiga utilizando uma colher de chá e, em seguida, inclinar suavemente a tigela para que a água escorra. Depois de muitas repetições desse processo, a superfície da manteiga vai se auto-organizar em sulcos, reentrâncias, canais e ranhuras.

A água nova fluirá automaticamente pelas ranhuras existentes. Depois de um tempo, faltará apenas um pouco de água para ativar todo o canal.

PADRÕES MENTAIS

Quando a informação entra na mente, ela se auto-organiza em padrões e sulcos muito parecidos com os da água quente na manteiga. Novas informações fluem automaticamente para as ranhuras formadas previamente. Depois de um tempo, os canais tornam-se tão profundos que é preciso apenas um pouco de informação para ativar todo o canal. Esse é o processo cerebral de reconhecimento e conclusão de padrões. Mesmo que grande parte da informação esteja fora do canal, o padrão será ativado. A mente automaticamente corrige e completa as informações para selecionar e ativar um padrão.

É por isso que você pode ler as letras misturadas na primeira página do capítulo como palavras. As primeiras e últimas letras de cada palavra estão corretas. Por exemplo, na palavra "Segundo", o "s" e o "o" foram mantidos no lugar e o restante da palavra ficou misturado na palavra "Segnudo" sem nenhum sentido. Apenas essa pequena informação (a primeira e a última letras) é suficiente para ativar o padrão de palavras no cérebro, e então lemos "Segundo".

É também por isso que, quando nos sentamos e tentamos criar novas ideias, novas soluções, tendemos a continuar apresentando as mesmas velhas ideias de sempre. A informação está fluindo pelos mesmos sulcos e ranhuras, estabelecendo as mesmas velhas conexões, produzindo as mesmas velhas ideias repetidas vezes. Fragmentos mínimos de informação são suficientes para ativar os mesmos padrões repetidas vezes.

> ### EXPERIMENTO MENTAL
>
> Como se escreve a palavra "**azeite**"?
> Agora diga **cinco vezes**:
>
> **azeite**
> **azeite**
> **azeite**
> **azeite**
> **azeite**
>
> O que as vacas bebem?

A maioria das pessoas diz "leite". Parece tão óbvio; a palavra automaticamente vem à mente. É claro que está errado. Vacas bebem água. Repetir a palavra "azeite" cria um minipadrão de pensamento. Quando se pergunta o que as vacas bebem, o padrão estabelece automaticamente a direção em que o problema será abordado.

Padrões como esse nos permitem simplificar e lidar com um mundo complexo. Eles nos dão precisão para realizar tarefas repetitivas, como dirigir um automóvel, escrever um livro, dar uma aula ou fazer uma apresentação de vendas. Os padrões nos permitem executar tarefas rotineiras com rapidez e precisão. Quando vemos algo que já tínhamos visto antes, entendemos o significado imediatamente. Não temos que gastar tempo para estudá-lo e analisá-lo. Por exemplo, sabemos automaticamente que o logotipo a seguir representa a empresa Coca-Cola.

Pensamento criativo

Os hábitos, os padrões de pensamento e as rotinas com os quais lidamos com a vida se acumulam gradualmente até reduzir significativamente a nossa consciência de outras possibilidades. É como se uma catarata ocular se desenvolvesse na nossa imaginação ao longo do tempo, e seus efeitos tardassem a se tornar evidentes. O acúmulo passa quase despercebido até que a catarata reduz a nossa consciência significativamente. Você notou, por exemplo, que o logotipo não é da Coca-Cola? Está escrito *Coca-Coca*.

NÃO SE PODE QUERER CRIAR UMA IDEIA NOVA

> **EXPERIMENTO MENTAL**
>
> **Tente fazer o seguinte teste**:
>
> 1. Enquanto está sentado à mesa em frente ao computador, levante o pé direito do chão e faça círculos no sentido horário.
> 2. Agora, enquanto faz isso, desenhe o número 6 no ar com a mão direita.
> 3. Seu pé mudará de direção.
>
> Não importa quantas vezes você tente fazer esse experimento, não conseguirá evitar mudar a direção do pé. Isso está previamente programado no seu cérebro.

Você não pode querer mudar os padrões de pensamento, assim como não pode impedir o pé de mudar de direção, por mais inspirado que esteja em fazê-lo. É preciso algum meio para criar a variação nas ideias.

Então como podemos mudar os nossos padrões de pensamento? Pense novamente no prato de manteiga com todos os canais formados previamente. A criatividade ocorre quando inclinamos a tigela de manteiga em uma direção diferente e obrigamos a água (a informação) a criar novos canais e estabelecer novas conexões com outros canais. Essas novas conexões nos oferecem diferentes maneiras de focar a atenção e de interpretar qualquer coisa na qual estivermos nos concentrando.

A natureza cria variações por meio de mutações genéticas. Os pensadores criativos obtêm variações combinando conceitualmente assuntos diferentes, mudando os padrões de pensamento e proporcionando a eles uma variedade de alternativas e conjecturas.

Por exemplo, suponha que você queira melhorar uma lanterna. Se você se sentar e pensar em lanternas, esforçando-se para ter ideias, é provável que somente tenha ideias habituais e que as melhorias sejam marginais.

No entanto, se você combinar conceitualmente uma lanterna com, digamos, um abridor de portão de garagem, mudará os padrões de pensamento, e isso ativará a sua imaginação. A combinação de uma lanterna com um abridor de portão de garagem oferece uma maneira diferente de olhar para a lanterna. Isso pode inspirar a ideia de uma lanterna "Superman", que é uma lanterna de raios X que usa tecnologia simples de micro-ondas. A lanterna emite radiação de uma longitude de onda aproximadamente igual à de um abridor de portão de garagem. Assim como os sensores da porta, o feixe detecta movimento, incluindo respiração. Pode até mesmo detectar pessoas escondidas por uma exibição de dados em uma tela. Essa ideia jamais teria surgido se fosse pensada de forma convencional.

EXPERIMENTO MENTAL

A seguir, são apresentados quatro pares de objetos. Tente combinar conceitualmente cada par de objetos para criar um novo produto. Pense nas características de cada objeto. Pense nas semelhanças e nas diferenças. Veja o que consegue inventar.

Banheira..Rede
Óculos de sol...Janelas
Protetor solar.........................Repelente de insetos
Bicicleta..Máquina de lavar

Pensamento criativo

Todos esses quatro pares resultaram em novos produtos. As ideias "banheira" e "rede" combinaram-se para se transformar em uma banheira de bebê que contém uma rede simples em seu interior. A rede tem um apoio para sustentar a cabeça do bebê com segurança, deixando as mãos dos pais livres para poder lavá-lo. As ideias "óculos de sol" e "janelas" combinaram-se para formar a ideia de janelas coloridas que, assim como alguns óculos escuros, são projetadas para mudar de cor com luz ultravioleta. As janelas escurecidas ajudam a manter a casa fresca. "Protetor solar" e "repelente de insetos" combinaram-se para formar um novo produto: uma loção que protege tanto contra o sol quanto contra insetos. Combinando "bicicleta" com "máquina de lavar" criou-se uma máquina de lavar movida a energia humana: uma bicicleta ergométrica com uma bateria de íon de lítio, que acumula energia enquanto o ciclista pedala e está conectada a uma máquina de carregamento frontal. A máquina é ativada pela pedalada. Diz-se que 20 minutos de esforço equivalem a um ciclo de lavagem a frio sem consumir energia da rede elétrica. Pense nisso. Você está se exercitando e lavando roupas simultaneamente, além de economizar os recursos naturais.

É a combinação de assuntos ou conceitos diferentes que desperta a imaginação para gerar novos padrões de pensamento e produzir novas ideias. O que aconteceria se, por exemplo, você combinasse pizza com a limpeza de espelhos do banheiro de uma escola?

Peggy Dupra, diretora do ensino médio, tinha um problema com as alunas que começaram a usar batom. As meninas beijavam os espelhos do banheiro, deixando as impressões labiais marcadas neles. O departamento de manutenção constantemente pedia para que as alunas abandonassem aquele hábito. Peggy deu um sermão e implorou às meninas que parassem, ameaçando puni-las, mas nada parecia funcionar.

Peggy estava familiarizada com as maneiras de mudar os padrões de pensamento combinando um problema com algo totalmente alheio. Um dia, notou um grupo de alunos compartilhando uma pizza. Decidiu combinar o problema do espelho do banheiro com uma pizza. Considerou vários aspectos das pizzas, tais como:

O que pode ser usado como cobertura de pizza?

> Outros ingredientes da pizza
> Festivais de pizza
> Redes de pizzarias
> Fatias de pizza

Então pensou em suas experiências pessoais com pizzas. Lembrou-se de uma pizzaria local que havia sido fechada por causa de um boato perverso espalhado por um cliente vingativo. De acordo com o boato, a pizzaria estava usando água de esgoto de uma vala para fazer pizzas e economizar água. Embora não fosse verdade, as pessoas se recusaram a comer a pizza depois disso, e essa lembrança inspirou a ideia de Peggy.

Depois de trocar ideias com o zelador da escola, ela convidou as meninas a ir ao banheiro, dizendo que queria que testemunhassem o trabalho extra que o zelador teve ao limpar as impressões labiais. O zelador entrou em um banheiro aberto, mergulhou o rodo na água do vaso sanitário, sacudiu o excesso de água e, em seguida, usou o rodo para limpar os espelhos. A demonstração resolveu o problema.

Peggy demonstrou a habilidade de combinar duas atividades diferentes para criar uma nova solução para o problema. O capítulo seguinte mostrará que algumas das pessoas mais criativas e inovadoras ao longo da história foram hábeis em forçar novas conexões por meio da combinação conceitual.

3
Pensando como um gênio

> Os gênios são gênios porque estabelecem mais combinações
> novas do que os meramente talentosos.
> DEAN KEITH SIMONTON

As ideias inovadoras não ocorrem aos gênios porque eles são mais inteligentes, mais instruídos, mais experientes, ou porque a criatividade é determinada geneticamente. O psicólogo Dean Keith Simonton observou que o pensamento criativo exige a capacidade de realizar novas combinações. Se você examinar a maioria das ideias, descobrirá que elas são geradas pela combinação de dois ou mais elementos diferentes que se transformam em algo novo.

Os pensadores criativos formam mais combinações porque combinam conceitualmente, e de forma rotineira, os conceitos e as ideias de dois contextos ou categorias diferentes que os pensadores lógicos consideram separadamente. A combinação de conceitos distintos produz ideias e insights originais.

Na natureza, uma rica mistura de quaisquer duas forças, quaisquer que sejam, produzirá padrões. Por exemplo, despeje água em uma superfície plana e polida.[1] A água se espalhará em um padrão único de gotas. O padrão é criado por duas forças: a gravidade e a tensão superficial. A gravidade espalha a água, e a tensão superficial faz que as moléculas de água se unam em gotas. A combinação dessas duas forças diferentes cria o padrão único e complexo das gotas.

Da mesma forma, quando dois assuntos diferentes se combinam conceitualmente na imaginação, novos padrões complexos são formados para que novas ideias sejam produzidas. Os dois elementos catalisam-se mutuamente como dois produtos químicos que devem estar presentes para que um novo conceito, produto ou ideia se forme. Isso se assemelha muito ao processo criativo da recombinação genética que ocorre na natureza. Os cromossomos intercambiam genes para criar novos seres. Pense nos elementos e nas ideias como genes que se combinam e se recombinam para criar novos padrões que levam a novas ideias.

As novas ideias não são apenas maiores do que a soma de suas partes, mas são *diferentes* das somas de suas partes. O seguinte experimento mental mostra como fazer um modelo físico do processo que inspirou George de Mestral, inventor suíço, a criar um novo tipo de trava.

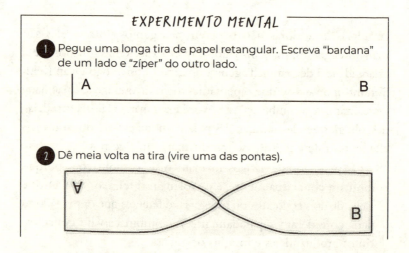

---

[1] Este exemplo é de WALDROP, M. Mitchell. **Complexity: the emerging science at the edge of order and chaos**. New York: Simon and Schuster, 1993.

③ Una as pontas, colando-as com fita adesiva.

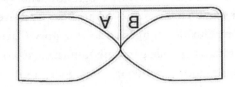

No experimento, você pegou uma tira de papel com dois lados (com a palavra "bardana"[2] de um lado e "zíper" do outro lado) e a transformou em uma superfície contínua com apenas um lado. Os dois lados resultaram em apenas um. Para provar isso, desenhe uma linha contínua no centro da tira até voltar ao ponto de partida. Você descobrirá ter desenhado em ambos os lados do papel. Descobrirá ainda que a tira tem apenas uma borda. Faça uma marca com um marca-texto em um ponto da borda. Agora, comece na marca e vá traçando ao longo da borda com o marca-texto. Você descobrirá que chega ao ponto oposto da borda antes de voltar ao ponto de partida.

Você criou um modelo de uma tira de Möbius, que foi inventada em 1858 pelo matemático alemão August Ferdinand Möbius. A tira representa o processo de combinação conceitual. Você pega dois assuntos distintos, que normalmente são apresentados como radicalmente diferentes, e os combina em um todo contínuo.

No nosso experimento mental, ao analisar os atributos da bardana e de um zíper, é possível começar a entender como George de Mestral inventou o velcro. Ele estabeleceu uma analogia abstrata entre as rebarbas da bardana e um zíper ao examinar os pequenos ganchos que permitiram que a rebarba da semente se agarrasse tão tenazmente aos pequenos laços no tecido das calças. Isso o inspirou a inventar um fecho de dois lados (como um zíper): um lado com ganchos rígidos como as rebarbas da erva e o outro lado com laços suaves como o tecido da calça.

---

[2] Um tipo de erva com frutos revestidos por pelos em forma de gancho. [N.R.]

Pensamento criativo

Se George de Mestral tivesse focado em melhorar o zíper convencional pensando de forma lógica e analítica, ele poderia não ter sido inspirado a inventar o velcro. Não é possível criar algo do nada. Na matemática, o matemático Gregory Chaitin provou que nenhum programa pode gerar um número mais complexo do que ele mesmo, do mesmo modo que uma mulher grávida pesando 100 quilos não pode dar à luz uma criança de 100 quilos. O mesmo princípio se aplica ao pensamento criativo. As ideias novas são criadas combinando dois ou mais elementos diferentes.

A combinação conceitual cria outros padrões de pensamento. Pense por um momento no hidrogênio e no oxigênio. Combine-os nas proporções certas, e você terá algo diferente de qualquer um desses gases. Você terá água. Quem poderia ter previsto, conhecendo apenas o hidrogênio ou o oxigênio separadamente, que o gelo flutuaria[3] ou que um banho quente seria tão bom? Os conceitos simples são assim como esses gases. Sozinhos, têm propriedades conhecidas e óbvias, mas juntos produzem transformações aparentemente mágicas.

Pense por um momento nos concertos musicais. O público de um concerto ouve passivamente a música e aplaude educadamente quando a apresentação é finalizada. Você consegue ter alguma ideia para transformar um concerto em uma experiência mais interativa para o público? Faça uma lista das suas ideias antes de ler o seguinte experimento mental.

EXPERIMENTO MENTAL

Agora pense em como as coisas interagem. Por exemplo, pense nas pessoas que interagem pelo computador, em políticos que interagem com eleitores, em navios no mar que interagem uns com os outros por meio de sinais luminosos, em professores que interagem com os alunos, em torcedores fazendo a ola nos estádios de futebol, em câmeras de segurança de aeroportos que interagem

---

[3] Assunto comentado por WARD, Thomas B.; FINK, Ronald A.; SMITH, Steven M. **Creativity and the mind: discovering the genius within.** New York: Perseus, 2002. p. 46.

> com as pessoas embarcando nos aviões, e em bares de karaokê nos quais as pessoas interagem com a música ao cantar no palco.
>
> Depois pense nos computadores, na ola do futebol, nos sinais luminosos, nas câmeras e no karaokê, e veja se pode estabelecer conexões entre alguns ou entre todos eles para fazer que o público de um concerto seja mais ativo e interaja mais com a orquestra.

Como foi a sua experiência? Um grupo de colaboradores da Orquestra de Compositores Americanos combinou a lista do experimento para produzir uma ideia que convidasse o público a contribuir com a música tocada pela orquestra. Cada membro da plateia recebeu uma baqueta luminosa que poderia ser movida para a frente e para trás ao longo da apresentação. Um *software* analisava o vídeo ao vivo diretamente da plateia e enviava instruções a cada músico por meio de luzes multicoloridas montadas no suporte de cada um. Imagine a visão de 600 pessoas assistindo e dando forma à música com baquetas luminosas para uma orquestra de câmara de 25 músicos.

Quando uma gota de água é adicionada a outra, as duas formam apenas uma gota, não duas. Curiosamente, quando você adiciona um conceito a outro, ambos formam um só conceito, não dois. Se você tentar criar novas ideias para as orquestras musicais pensando apenas no que sabe sobre elas, provavelmente não haverá muito avanço. Contudo, ao combinar uma orquestra com uma variedade de assuntos diferentes, descobrirá que começa a gerar novas ideias quase involuntariamente.

Considere o fato de que você entende prontamente combinações verbais simples, como "videoconferência", "página inicial" e "bioética". Esses são exemplos de combinações de palavras; nelas, dois conceitos são mesclados, consolidados e articulados como um só. "Direita religiosa", por exemplo, refere-se a um grupo de pessoas com fortes crenças religiosas que tentam influenciar o processo político.

Gregory Murphy, da Universidade de Illinois, pediu a várias pessoas para avaliar se determinadas propriedades poderiam ser corretamente atribuídas a conceitos individuais e suas combinações.

Um conjunto de conceitos consistia nas palavras vazia e loja vistas individualmente, e na combinação loja vazia. Considere a propriedade "perder dinheiro". Assim como os sujeitos no estudo de Murphy, você provavelmente reconhecerá que perder dinheiro é típico das "lojas vazias", mas não de "lojas" em geral nem de coisas que estão "vazias". O significado muda quando combinamos conceitos e, quanto mais nova for a combinação, mais inovador será o novo significado.

Ao pensar conceitualmente em dois assuntos diferentes, a sua mente combina os diferentes conceitos para você, reconhecendo apenas os padrões abstratos interessantes em cada um deles, com base em circunstâncias pessoais. A imaginação projeta, conecta e combina tais padrões. Em seguida, começa a borbulhar em forma de ideias e intuições. Isso transcende o pensamento lógico. Isso é pensamento criativo.

COMO A PRENSA DE VINHO FOI A PRECURSORA DA ERA DA INFORMAÇÃO

Outro exemplo clássico que ilustra o processo de combinação conceitual é a história de Johannes Gutenberg, um ourives alemão que inventou a prensa móvel e, ao fazê-lo, revolucionou o armazenamento e a transmissão de informações. Se ele tivesse se concentrado no que sabia na ocasião sobre a reprodução de textos e imagens, e tivesse excluído logicamente todo o restante, poderia ter obtido alguma melhoria marginal. Em vez disso, criou a era da informação. Como essa ideia surgiu?

Antes da imprensa, imagens e textos eram gravados em blocos de madeira molhada. Em seguida, folhas de papel úmido cobertas com um pó fino eram colocadas sobre os blocos e esfregadas para que a impressão fosse obtida. Por muito tempo, Gutenberg experimentou todos os tipos de processos, tentando encontrar uma maneira de melhorar aquela prática tão laboriosa. Um dia, ele saiu em excursão com alguns amigos para um vinhedo durante a época da colheita. Enquanto observava como a prensa de vinho operava, ficou impressionado com o fato de que, quando as uvas negras eram esmagadas pela prensa, deixavam uma impressão sobre ela.

Pensando conceitualmente, descobriu as semelhanças entre os padrões criados pela prensa de vinho e os padrões criados pelos blocos de madeira úmida. A ideia de uma impressora surgiu da combinação do padrão de prensar uvas com o padrão habitual da época de gravar em blocos de madeira. O lampejo de percepção, o "ahá" que surgiu na consciência de Gutenberg, veio repentinamente dessa combinação. Gutenberg o descreveu da seguinte forma: "Deus me revelou o segredo que eu havia pedido a ele".[4] Essa foi a percepção de Gutenberg, e foi a combinação de padrões procedentes de dois domínios diferentes, não a lógica, que permitiu oferecer ao mundo a prensa de impressão.

Vamos à escola e aprendemos sobre Albert Einstein e suas teorias sobre o universo. Contudo, ninguém nos ensina como ele aprendeu a pensar. Não nos dizem qual era sua atitude em relação à vida, quais eram suas intenções, como ele falava, como determinava o que observar no mundo, como se comportava com outras pessoas, nem de que forma ele via o mundo.

Simplesmente nos ensinam que ele era um gênio. Aprendemos pouco ou nada sobre seu processo de pensamento, que ele chamou de "jogo combinatório":[5] a combinação conceitual de imagens no mesmo espaço mental. Somos apresentados à sua ideia de "jogo combinatório" como o produto de um intelecto geneticamente superior. Fazendo uma analogia, é como se fôssemos ensinados a medir a precipitação diária pelo aumento da água em um balde, sem nunca percebermos que a chuva chega em gotas individuais.

A análise acadêmica e a medição do pensamento criativo alteraram o nosso conceito sobre ele. Os pedantes limitaram-se a tomar o simples processo natural da combinação conceitual e fragmentá-lo em partes (por exemplo, o ato de combinar objetos,

---

[4] KOESTLER, Arthur. **The act of creation**, 1964; reimpr. New York: Penguin Putnam, 1989. p. 123.
[5] Para uma discussão sobre jogo combinatório, veja SMITH, Richard D. The effects of combinatory play on problem solving. Missouri Western State University, 2005. Disponível em: <http://www.webclearinghouse.net/volume/8/SMITH-EffectsofC.php>.

de combinar opostos, de combinar tese e antítese para criar uma síntese, de combinar diferentes domínios, de combinar ideias ou de combinar um assunto com estímulos aleatórios), dando a cada parte um nome diferente, e produziram a ilusão de que o pensamento criativo envolve vários processos complexos e diferentes.

Na verdade, o que melhor ilustra as diversas teorias acadêmicas é a nossa tendência quase universal de fragmentar um assunto em partes separadas e ignorar a interconexão dinâmica entre as partes. Imagine essas diferentes teorias como "ondas" no mar da criatividade. Os acadêmicos buscam entender como as ondas se formam estudando apenas uma onda e ignorando o resto. Eles ignoram a interconexão dinâmica entre todas as teorias. O resultado é confuso e paradoxal, e cria uma barreira para entender o que é pensar criativamente em termos de pensamento e linguagem comuns.

O QUE SIGNIFICA REALMENTE ENTENDER ALGO

Quando o físico ganhador do Prêmio Nobel Richard Feynman era estudante, ele usou a palavra "inércia" enquanto conversava com o pai. Este perguntou o que significava tal palavra, e Richard respondeu que ele tinha aprendido que significava "não estar disposto a se mover". O pai o levou a um campo aberto, colocou uma bola em uma carriola e pediu que o filho a observasse. Quando empurrava a carriola, a bola rolava para a parte de trás. E, quando parava subitamente, a bola rolava para a frente. O pai explicou que o princípio geral é que as coisas que estão em movimento tentam se manter em movimento, e as coisas que estão paradas tendem a ficar paradas, a menos que sejam empurradas com força. Disse que esse processo é chamado de "inércia". Para entender o que a palavra significa, é preciso visualizar o processo. Há uma diferença entre saber o nome de algo e entender como funciona.

Os educadores poderiam ajudar os alunos a entender melhor a natureza do pensamento criativo oferecendo exemplos de como as pessoas realmente criam. A invenção de Jake Ritty é outro exemplo da combinação conceitual de dois elementos de campos não relacionados entre si para chegar a uma solução inovadora. Em 1879, Jake, dono de um restaurante, estava viajando de navio para a Europa. No decorrer da viagem, os passageiros visitaram as instalações do navio. Na sala de máquinas, Jake foi cativado por um dispositivo que registrava o número de vezes que a hélice do navio girava. Concluiu que aquilo era "uma máquina que contava".[6]

Ritty pensou de forma inclusiva. Seu objetivo foi fazer que seu trabalho como dono de restaurante se tornasse mais fácil e lucrativo. Ele olhava para o mundo e o examinava em busca de padrões e analogias com o que já conhecia. Quando viu na sala de máquinas o aparelho que contava o número de vezes que a hélice de um navio girava, perguntou: "Como o processo de contar algo mecanicamente pode tornar o meu restaurante mais lucrativo?". Pensar na sala de máquinas do navio e em seu restaurante fez que uma faísca surgisse quando ele combinou conceitualmente uma máquina que conta as rotações da hélice com a contagem de dinheiro.

Ele ficou tão empolgado com esse insight que pegou um navio de volta para casa com o objetivo de trabalhar em sua invenção. De volta a Ohio, usando os mesmos princípios empregados no projeto da máquina do navio, criou um dispositivo que poderia somar números e registrar as quantidades. A máquina, que funcionava manualmente e que ele começou a usar em seu restaurante, foi a primeira caixa registradora. Entender como surgiu a ideia de Jake é compreender o processo do pensamento criativo.

Dizer que o cortador de grama foi inventado na indústria têxtil pode parecer absurdo, mas foi exatamente assim que aconteceu. Edwin Budding trabalhava em uma indústria têxtil na Inglaterra no início do século 19. Naquela época, a superfície dos tecidos produzidos pelas fábricas era rugosa e precisava ser aparada. Isso era feito por uma máquina com lâminas metálicas giratórias que ficavam fixas sobre rodas.

---

[6] GARRISON, Webb B.; ABEL, Ray. **Why didn't I think of that?** New York: Random House, 1979. p. 20.

Budding adorava estar ao ar livre e cuidar do gramado de sua propriedade. O que ele achava cansativo era aparar a grama, o que tinha que ser feito com uma ferramenta larga, pesada e de difícil manuseio. Estabelecendo uma conexão conceitual entre aparar o tecido e aparar o gramado, ele construiu uma máquina com lâminas longas e duas rodas. Também prendeu um eixo metálico para que pudesse empurrá-la sem ter que agachar. E assim, em 1831, foi construído o primeiro cortador de grama.

Combinar tarefas de âmbitos que não têm relações entre si ativa a imaginação e permite pensar em possibilidades que, de outra maneira, teriam sido ignoradas. O vendedor de uma empresa especializada em produtos LCD[7] para publicidade sentou-se um dia e fez uma lista de objetos domésticos (vassoura, geladeira, telefone, lâmpada, etc.). Em seguida, combinou cada um dos produtos com um produto LCD existente e, finalmente, escolheu um desses pares, criando ímãs de geladeira que exibem composições de poesia.

Cada ímã tem um LCD que exibe uma palavra selecionada aleatoriamente de um vocabulário de 300 palavras. Os ímãs se comunicam entre si para formar frases aparentemente poéticas como: "Os corvos molhados se agitaram coerentemente".

EXPERIMENTO MENTAL

Veja a lista de profissões a seguir. Primeiro, pense em quaisquer três letras – por exemplo: D, A, R. Em seguida, na lista de ocupações deste exercício, selecione as três ocupações que começam com as letras D, A ou R. Liste os atributos e as características das três. Pense com fluidez. Faça uma lista de tudo o que vier à sua mente, incluindo quaisquer pensamentos associados. Depois, tente combinar diferentes elementos associados às três ocupações em um novo produto. As letras D, A e R indicam as profissões Dentista, Apresentador e dono de Restaurante.

---

[7] Sigla para *Liquid Crystal Display* ("tela de cristal líquido"), uma superfície fina usada para exibir imagens e textos em suportes como monitores de computador, televisores, telas de GPS, câmeras digitais, celulares, calculadoras e outros dispositivos. [N.R.]

- O Dentista pode fazer você pensar em dentes e em pasta de dente.
- O Apresentador pode fazer você pensar no clima, que é parte do noticiário.
- O dono de Restaurante pode fazer você pensar em diferentes alimentos e sabores.

Como a pasta de dente, o clima e os sabores podem ser combinados para inspirar uma nova ideia? Você pode pensar em uma pasta de dente que informe o clima enquanto escova os dentes.

Essa ideia é de David Carr, do MIT Media Lab. Ele está desenvolvendo um protótipo de pasta de dente que pode indicar o clima enquanto você escova os dentes. Sua invenção é um dispensador de pasta de dente conectado a um microcomputador que monitora dados meteorológicos online. O dispensador pode ser programado para dispensar diferentes sabores, indicando mudanças no clima. Se o tempo estiver mais frio do que no dia anterior, a pasta terá gosto de menta. Se o tempo estiver mais quente, terá gosto de canela.

Esse experimento exige que você amplie a imaginação para fazer várias associações entre diferentes ocupações e, em seguida, combiná-las aleatoriamente e produzir novas ideias. Agora pense em mais três letras e selecione ocupações relacionadas a elas para tentar criar um novo produto ou serviço.

PROFISSÕES

Inventor	Advogado
Jardineiro	Agente Funerário
Jóquei	Agrimensor
Lavador de Janelas	Apresentador
Mestre Cervejeiro	Artista
Bailarina	Oncologista
Cabeleireiro	Operador de Máquina Copiadora
Crítico	Patinadora
Dentista	Poeta
Dono de Restaurante	Professor de Educação Infantil
Editor de Revista	Terapeuta
Evangelista	Veterinário
Fabricante de Colchas	Zoólogo

Pensamento criativo

Como as técnicas de gestão industrial estão relacionadas à cirurgia cardíaca? Cirurgiões cardíacos de Maine, New Hampshire e Vermont reduziram a taxa de mortalidade a 1/4 entre seus pacientes com marcapasso incorporando as técnicas de gestão empresarial de W. Edwards Deming, um líder de consultoria industrial. As técnicas enfatizavam o trabalho em equipe e a cooperação mais do que a competição. Os médicos geralmente funcionam como artesãos individuais, sem compartilhar informações entre si. Seguindo o modelo industrial de Deming, eles passaram a trabalhar em equipe, visitando e observando-se mutuamente, e compartilhando informações sobre suas práticas.

Os gênios são gênios porque fazem mais combinações novas do que o resto de nós. Como discuto no capítulo seguinte, este é o pensamento criativo natural que remonta aos primeiros humanos. Todos nós nascemos com essa habilidade, e todos nós já fomos pensadores criativos, antes de sermos inibidos pela educação.

4
A primeira ideia

COMO OS HUMANOS PRIMITIVOS CRIARAM O FOGO, AS ARMAS, AS FERRAMENTAS, A ARTE, AS LENDAS, AS ALIANÇAS, OS DEUSES E A CIVILIZAÇÃO?

A maior descoberta feita pelo homem é a arte de fazer e manter o fogo, por isso eu a considero "a primeira ideia". De que forma os primeiros humanos descobriram como fazer fogo? Os nossos ancestrais viram raios atingir as matas durante tempestades e acender fogos que devoraram arbustos e bosques. Testemunharam as faíscas saltando do fogo para dar início a novos incêndios. Sentiram o calor do fogo.

Sem dúvida, também notaram que, quando golpeavam as pedras para fazer ruído e assustar animais, o atrito da batida entre elas criava faíscas. Os antigos combinaram conceitualmente as conexões abstratas entre os raios que atingiam as árvores criando faíscas e incêndios; as faíscas sopradas pelo vento que iniciavam outros incêndios; o calor do fogo e as faíscas criadas pelo atrito entre as pedras. Então, intuitivamente e discernindo de forma sutil, perceberam que poderiam criar fogo com faíscas criadas pelo atrito entre pedras e lascas de madeira.

Pensamento criativo

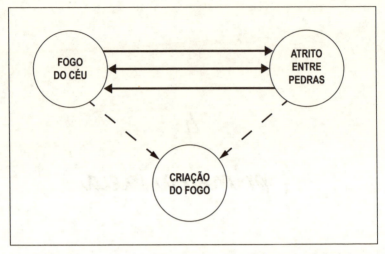

A mente deles fundiu imagens de diferentes domínios e criou ideias de como fabricar o fogo. Isso é diametralmente oposto ao pensamento lógico. É uma combinação conceitual em que o processo de pensar transcende as restrições artificiais do pensamento lógico. A lógica não está relacionada com a percepção nem com o reconhecimento de padrões semelhantes em múltiplos assuntos distintos, que, para surpresa de muitos, desempenha um papel fundamental no pensamento criativo.

Os nossos ancestrais não tinham escolas para ensiná-los a pensar. Não havia cientistas, artistas, filósofos nem médicos para estruturar a imaginação, que era desestruturada e pura. Eles pensavam de maneira natural e espontânea. Combinavam conceitualmente a essência, as funções e os padrões que percebiam.

Os antropólogos especulam que os antigos observaram aranhas construindo teias para capturar insetos. Então, ao integrar conceitualmente a ideia da tecelagem das aranhas e as atividades da caça, inspiraram-se a tecer redes que poderiam ser lançadas sobre pequenas presas para capturá-las.

Ou considere como os nossos ancestrais inventaram o conceito de presentear. Observar a lealdade dos animais de estimação pelo fato de serem alimentados pode ter inspirado a ideia de oferecer presentes entre grupos distantes. Eles combinaram conceitualmente "dar" e "receber" para criar a ideia de "dar presentes" a fim de "receber" algo. Podem ter trocado contas feitas de casca de ovo para garantir favores futuros e alianças em tempos difíceis. Que mente lógica poderia conceber uma conexão entre alimentar os animais de estimação e construir alianças com os vizinhos?

Imagine como as pessoas combinaram e integraram conceitualmente ossos, pedras e madeira com caçar e matar para inventar uma infinidade de armas e ferramentas. Imagine também a combinação de experiências visuais com paredes de cavernas para criar narrativas e arte pictóricas, e a combinação de fenômenos naturais (vulcões, furacões, inundações, e assim por diante) com a morte e a destruição para criar deuses e religiões.

EINSTEIN TAMBÉM COMBINOU CONCEITUALMENTE IDEIAS NÃO SIMILARES

O pensamento de Albert Einstein combinava conceitualmente a essência, as funções e os padrões, assim como nossos ancestrais fizeram. Ele não pensava com palavras nem de forma lógica ou matemática. Reproduzia voluntariamente os pensamentos como signos, símbolos e imagens e os combinava de muitas maneiras diferentes em sua imaginação. Como mencionei anteriormente, Einstein denominou esse processo de "jogo combinatório". De que outra forma ele poderia ter concluído que espaço e tempo não estão separados, mas se combinam e são inseparáveis? Que raciocínio lógico ou científico o teria levado a perceber que estava incorreta a suposição newtoniana de que quando duas velocidades vão na mesma direção elas se somam, e que nada pode superar a velocidade da luz?

O mesmo processo de pensamento que levou os primeiros humanos à descoberta do fogo levou Einstein à teoria da relatividade. Ele imaginou um objeto em movimento e em repouso ao mesmo tempo, algo que a lógica diz ser impossível. Pensou o seguinte: um homem que saltar do telhado de uma casa, e ao mesmo tempo soltar um objeto, descobrirá que o objeto permanece em estado de repouso em relação a ele como observador. Essa aparente ausência de um campo gravitacional ocorre quando a gravidade faz que a queda do observador seja acelerada. O reconhecimento da possibilidade de estar em repouso e em movimento ao mesmo tempo inspiraram o insight que levou Einstein a formular a teoria geral da relatividade:

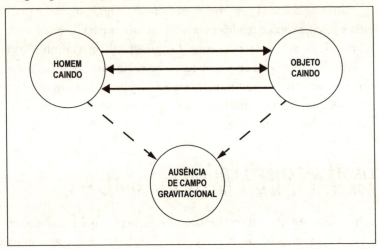

A percepção de Einstein envolvia muito mais do que o reconhecimento de membros de categorias previamente estabelecidas, pois implicava a criação de novas categorias. A lógica não desempenhou papel algum no jogo combinatório de Einstein.

Quando lemos sobre o psicólogo Sigmund Freud, descobrimos que a maioria dos relatos atribui a descoberta do complexo de Édipo,[1] relacionado à repressão sexual, ao intelecto lógico. Contudo, na verdade, a lógica não desempenhou um papel fundamental em seu pensamento.

Foi a morte do pai, que aconteceu quando o jovem Freud estudava a psicologia da repressão sexual, que inspirou seu insight. O que essa morte tem a ver com o trabalho de Freud sobre a repressão sexual? O costume judaico mandava o filho mais velho fechar os

---

[1] Para mais informações sobre Sigmund Freud e o Complexo de Édipo, veja <http://en.wikipedia.org/wiki/Oedipus_complex>.

A PRIMEIRA IDEIA

olhos do pai morto. E Freud manteve a tradição, passando a refletir muito sobre o ato de fechar os olhos do pai ao mesmo tempo que pensava no trabalho sobre repressão sexual. Lembrou-se de ter lido a lenda de Édipo Rei, um homem que arrancou os próprios olhos.

Freud estabeleceu uma conexão imaginativa entre a essência da "fechar os olhos" e suas teorias de repressão psicológica, e as combinou conceitualmente para criar um novo insight psicológico. Isso o levou à teoria da fantasia sexual reprimida, popularmente conhecida como complexo de Édipo, segundo a qual as pessoas reprimem (fecham os olhos diante de) impulsos sexuais em relação a um dos pais e cultivam ódio em relação ao outro. Essa percepção marcou o momento culminante da carreira de Freud.

Tanto os processos de pensamento de Einstein quanto os de Freud demonstram a subjetividade da percepção e quanto ela é influenciada pelo contexto. Quando percebemos o mundo de forma inteligente, sempre percebemos uma função, não um objeto físico. Os primeiros humanos perceberam a função "queimar", Einstein percebeu as funções "movimento" e "repouso", e Freud percebeu a função "reprimir" [fechar os olhos].

CONTEXTUALIZANDO

Quando percebemos os assuntos como eventos separados, imaginamos que estamos sendo objetivos, quando, na verdade, temos que nos converter em pensadores subjetivos que olham para os eventos dentro de um contexto. Por exemplo, o que significa o símbolo a seguir?

Fora do contexto, é impossível saber com certeza. Uma vez inserido em um cenário com outras figuras, provavelmente reconheceremos o padrão e identificaremos o símbolo como dois números três, um de frente para o outro. Ao perceber o padrão no contexto, podemos ver facilmente que os símbolos são formados com os números 1, 2, 3, 4, 5 e 6, todos duplicados, um virado de frente para o outro.

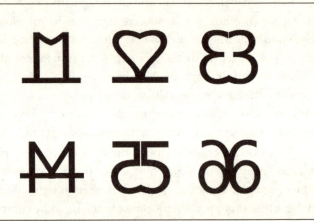

Imagine se os primeiros humanos não tivessem percebido os raios no mesmo contexto que as faíscas, o fogo, a madeira e as pedras. Não teria acontecido abstração conceitual alguma, e o fogo teria permanecido, por mais um tempo, sendo uma força misteriosa. Os antigos teriam percebido o raio de maneira muito parecida com a ação de um gato, como se fosse algo do qual era preciso se esconder.

Talvez você já tenha ouvido falar na história de Helen Keller.[2] Ela era cega, surda e muda desde bem jovem e não conseguia se comunicar. Sua professora, Anne Sullivan, percebeu que a chave consistia em ensinar Helen a se comunicar. Sullivan ensinou a ela uma espécie de código Morse jogando com os dedos e desenhando o alfabeto na palma da mão para formar palavras. Por muito tempo, Keller não conseguiu entender do que se tratava. Mais tarde, disse que não sabia que Sullivan estava marcando palavras na palma da sua mão; na verdade, nem sabia que existiam palavras. Simplesmente imitava os movimentos, movendo os dedos de forma mecânica.

---

[2] A fonte desse material é SHATTUCK, Roger; HERRMANN, Dorothy (eds.). **Helen Keller, story of my life**. New York: Norton, 2003.

A PRIMEIRA IDEIA

Certo dia, Sullivan, como se estivesse jogando, fez que Keller entrasse em contato com a água em diferentes estados e contextos, como a água em repouso dentro de um balde, a água saindo de uma bomba, a água em um copo, gotas de chuva, um riacho, e assim por diante. Em cada situação, Sullivan pressionava a palavra "água" na palma da mão de Keller.

De repente, Keller percebeu que todas aquelas diferentes experiências se referiam a uma substância que tinha diversos aspectos, simbolizada por uma única coleção de letras: a palavra "água", marcada na palma da mão dela. Isso significa que ela organizou as múltiplas experiências com a palavra "água" em um padrão de equivalência, combinando-as com a palavra "água" desenhada em sua mão.

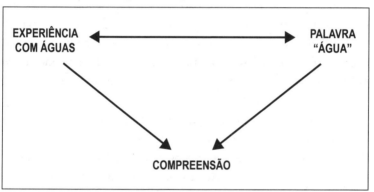

Keller combinou conceitualmente as diferentes experiências com a palavra "água", saltando mentalmente de uma coisa a outra e comparando as experiências com a palavra em sua mão. Aqui temos o ato integral da combinação conceitual, a súbita síntese do universo dos signos e do universo das coisas. Essa descoberta da essência da água iniciou uma fantástica revolução na vida de Keller e na vida de centenas de outras pessoas. Para apreciar ainda mais a conquista de Keller, pense quantas eras devem ter passado antes de os humanos descobrirem que um par de faisões e um par de dias são ambos exemplos do número 2.

Muitas pessoas têm uma visão de mundo fundamentalmente mecanicista. Acreditam que o mundo tem regras determinadas e que as regras são conhecidas por todos. Qualquer coisa que viole as regras é impossível. Por exemplo, somos informados de que a menor distância entre dois pontos é uma linha reta:

No entanto, se você arrancar esta página e dobrá-la, poderá colocar o B na imagem anterior diretamente sobre o A, fazendo que a distância seja mais curta. Na verdade, isso cria um "buraco de minhoca", ou seja, uma passagem no espaço-tempo conectando os pontos separados. É o mesmo princípio que conecta os lugares mais separados do universo no espaço. É chamado de "buraco de minhoca" porque nos remete ao buraco que a minhoca faz na maçã. A minhoca pode rastejar sobre a superfície da maçã para ir de A a B, mas, em vez disso, ela faz um buraco no centro da maçã, criando um atalho. Isso viola uma das regras reconhecidas pelas pessoas que adotam uma visão mecanicista do mundo. Contudo, está comprovado que pode ser feito.

Ao contrário dos produtos de fórmulas mecanicistas, o produto criativo é resultado de um processo de descoberta de possibilidades dentro de um enorme espaço de possibilidades. Esse enorme espaço oferece a liberdade de pensamento necessária para combinar conceitualmente assuntos diferentes, e até paradoxais, em uma única entidade. Uma ideia original não é a soma dos pensamentos combinados, mas depende de como os respectivos padrões se encaixam entre si.

QUAL É A CONEXÃO ENTRE TOCAR PIANO E ESCREVER?

Christopher Sholes, enquanto assistia a uma apresentação de piano, observou que cada tecla do piano produz uma nota. Então pensou: Por que não criar uma "máquina de escrever" em que cada tecla escreve uma letra? Em seguida, distribuiu o alfabeto sobre uma série de pequenas alavancas que, ao serem tocadas, atingiam uma roldana, criando assim a primeira máquina de escrever.

A PRIMEIRA IDEIA

A combinação entre escrever e tocar piano baseou-se unicamente nos aspectos de cada conceito que pareceram interessantes a ele devido a circunstâncias únicas. Essa combinação liberou em seguida uma bolha em sua mente: a ideia de criar a máquina de escrever.

As leis do pensamento disciplinado exigem que nos atenhamos a um marco referencial e não que mudemos de universo. Pianos são instrumentos musicais. Uma caneta serve para escrever cartas. Esses dois universos são totalmente diferentes. Não há conexão entre tocar piano e escrever com caneta e papel. Contudo, pensadores criativos como Sholes abrem todas as portas dos compartimentos especializados em seu cérebro, de maneira muito similar ao que fizeram os nossos ancestrais, para permitir que fragmentos de informação e pensamentos de diferentes universos se combinem e se mesclem livremente.

Pense nas semelhanças entre a combinação conceitual e a música.[3] Você pode não apreciar a música do Coro do Tabernáculo Mórmon ao ouvir os membros cantarem sequencialmente. É preciso ouvir o grupo todo se apresentar de uma só vez enquanto os membros coordenam o ritmo das vozes e dos movimentos.

Não foi suficiente para Sholes pensar em escrever e em tocar piano como duas entidades separadas. Ele teve que combinar os elementos no mesmo espaço mental para que pudesse encontrar semelhanças, diferenças e divergências comuns.

Pense em todas as oportunidades maravilhosas de combinar tecnologia com produtos que usamos no dia a dia. O LED,[4] por exemplo, emite luz quando uma voltagem é aplicada a ele. É usado principalmente em dispositivos eletrônicos. Você consegue pensar em maneiras de incorporar esse tipo de luz a produtos domésticos?

---

[3] Freeman, Walter J. The physiology of perception. **Scientific American**, 264, n. 2, p. 78–85, fev. 1991. Disponível em: <https://www.scientificamerican.com/article/the-physiology-of-perception/>. Acesso em: 28 set. 2022.

[4] Sigla para *Light-Emitting Diode*, diodo emissor de luz. [N.R.]

Um exemplo é a engenhosa combinação de travesseiro e nascer do sol inventada por Eoin McNally e Ian Walton. Incorporado a uma grade de LEDs, o travesseiro não usa nada além de luz para despertar uma pessoa. Cerca de 40 minutos antes de o alarme ser disparado, a espuma programável do travesseiro começa a brilhar e vai aumentando a intensidade gradualmente, a fim de simular o nascer do sol natural. Isso ajuda a definir o ritmo circadiano e a iniciar o dia de forma mais tranquila. A combinação desenvolveu uma nova ideia emergente que não está contida em nenhum dos elementos envolvidos, nem no travesseiro, nem no nascer do sol.

É possível combinar também uma grade de LEDs com uma plataforma de comunicação sem fio para fazer que os travesseiros emitam um brilho suave ao serem tocados. Dois amantes podem estar separados por milhares de quilômetros e, quando cada um abraçar o travesseiro, o outro travesseiro, a milhares de quilômetros de distância, responderá com um brilho suave.

Jacques Hadamard,[5] o brilhante matemático francês que provou o teorema dos números primos, argumentou que as invenções, incluindo as invenções matemáticas, requerem a descoberta de combinações de ideias incomuns, porém frutíferas. Para encontrar tais combinações, é necessário idear e experimentar inúmeras vezes. A combinação conceitual de variáveis advindas de diferentes âmbitos permite a geração de ideias inovadoras e interessantes.

EXPERIMENTO MENTAL

Entre as combinações conceituais, as mais férteis costumam ser as formadas por elementos extraídos de campos muito diferentes. Suponha que você queira promover sua igreja encontrando maneiras de ajudar a comunidade. Um serviço de encontro entre solteiros

---

[5] Para uma excelente biografia de Jacques Hadamard, veja O'CONNOR, J. J.; ROBERTSON, E. F. Jacques Salomon Hadamard. **School of Mathematics**. Escócia: University of St. Andrews, 2003. Disponível em: <https://mathshistory.st-andrews.ac.uk/Biographies/Hadamard/>. Acesso em: 27 set. 2022.

A PRIMEIRA IDEIA

> não é um acontecimento comum no âmbito das igrejas. Liste os atributos dos serviços de encontros e tente conectá-los com algo que possa ajudar a igreja.
>
> Pense quais ideias passam pela sua mente antes de continuar a leitura.

Algumas ideias úteis:

Os serviços de encontro informatizam os desejos, os anseios e as necessidades dos clientes para, em seguida, tentar combinar pessoas com interesses semelhantes. Uma igreja poderia inventariar as necessidades especiais dos membros. Por exemplo, alguns membros poderiam precisar de transporte para ir aos cultos, ou necessitar que outros membros da igreja fizessem visitas em sua residência, ou conseguir alguém para cortar a grama, limpar as calhas, levá-los às compras e assim por diante. Em seguida, a igreja poderia inventariar os membros dispostos a contribuir com transporte ou parte de seu tempo livre, e então combinar os voluntários com as pessoas que têm necessidades especiais.

Os serviços de encontros seduzem os clientes divulgando as histórias de sucesso. Uma igreja poderia estimular seus voluntários criando um "*hall* da fama" com fotografias dos voluntários e breves descrições do que fizeram para ajudar os demais. O painel de notícias da igreja também pode periodicamente publicar histórias sobre os voluntários, incluindo depoimentos das pessoas que eles ajudaram.

Combinar as variáveis de um serviço de encontros com a promoção de uma igreja obriga a pessoa a se concentrar na "essência" e nas "funções" de como "combinar interesses" e "divulgar", em vez de focar em rótulos e categorias. No capítulo seguinte, enfatizo a importância de pensar dessa forma.

5
Por que não pensei nisso?

POR QUE DEIXAMOS DE VER O ÓBVIO ATÉ QUE SEJA APONTADO PARA NÓS?

O artista francês Henri Matisse, em seus escritos sobre a pintura de retratos, argumentava que o caráter de um rosto humano é visto na totalidade e não em particularidades, e afirmava que, de fato, era possível que as características particulares não o captassem em absoluto. O todo capta a essência de um rosto. Para demonstrar seu ponto de vista, Matisse desenhou quatro autorretratos.

Os desenhos são incríveis. As características são diferentes em cada um. Em um deles, o queixo é pequeno; no outro, o queixo é muito marcado. Em um deles, há um enorme nariz romano; em outro, um nariz pequeno e rechonchudo. Em um deles, os olhos estão muito separados; em outro, estão próximos demais. Em cada um dos quatro rostos, quando olhamos para o todo, vemos o rosto e a expressão inconfundível de Henri Matisse.

Se estudássemos os desenhos de forma lógica, separaríamos as várias características (queixo, nariz, olhos, óculos, etc.) e as compararíamos em busca de semelhanças e diferenças. Por fim, acabaríamos nos transformando em especialistas em separar e definir as diferenças entre narizes, queixos, olhos e outras características. A nossa compreensão do que os desenhos representam se fundamentaria nas particularidades dos quatro esboços, e não perceberíamos que os quatro representam o mesmo homem.

Robert Dilts, um especialista em programação neurolinguística, descreveu outro experimento esclarecedor realizado por psicólogos da Gestalt com um grupo de cães:

> Os cães foram treinados a se aproximar de algo quando vissem um quadrado branco e a evitá-lo quando vissem um quadrado cinza.[1] Quando os cães aprenderam isso, os experimentadores mudaram a cor dos quadrados, usando um cinza e um preto. Os cães imediatamente passaram a se aproximar do objeto quando viram o quadrado cinza (que na ação anterior lhes causava aversão) e a evitar o objeto quando viam o quadrado preto (que antes não estava condicionado a nada). Presumivelmente, em vez de perceber o cinza como um estímulo absoluto, os cães estavam respondendo à essência mais profunda de mais claro *versus* mais escuro, em vez de atribuir propriedades fixas ao cinza, ao branco e ao preto.

É possível treinar um humano a se aproximar de algo quando vir um quadrado branco e a evitá-lo quando vir um quadrado cinza.

---

[1] Para uma discussão sobre esse experimento com cães, veja DILTS, Robert. Figure and ground. **NLP Institute of California**, 1997. Disponível em: <http://www.nlpu.com/Articles/artic12.htm>. Acesso em: 29 set. 2022.

Quando as cores dos quadrados são trocadas para cinza e preto, o humano ainda irá evitar o quadrado cinza. Uma vez que o cinza foi definido na nossa mente, vemos essa cor como algo independente e totalmente autocontido. Isso significa que nada pode interagir com ele nem exercer influência sobre ele. De fato, torna-se um absoluto.

Perdemos a sensibilidade para relacionamentos, funções e padrões mais profundos porque fomos educados a centralizar os aspectos particulares da experiência, em vez dos universais. Tais aspectos são vistos como partes independentes de uma realidade objetiva. Por exemplo, se pedissem a uma pessoa média que construísse automóveis, sem dúvida ela estudaria como os carros são fabricados e depois reproduziria o mesmo sistema sem buscar alternativas.

O QUE OS PORCOS E OS CARROS TÊM EM COMUM?

Quando Henry Ford decidiu fabricar automóveis, ele não pensou em como os carros são produzidos. Ele pensou na essência. Examinou "como as coisas são montadas" e "como as coisas são desmontadas". Entre suas múltiplas experiências está a visita a um matadouro, para ver como os trabalhadores abatiam os porcos. Combinando conceitualmente o método de desmembrar os porcos do matadouro com a montagem de carros, ele criou o conceito da linha de montagem, que permitiu a criação do Modelo T.

O serviço postal norte-americano e a empresa UPS trabalharam no desafio de fazer entregas noturnas usando os sistemas e as teorias estabelecidas. Pensaram de forma lógica em termos de pacotes e pontos de entrega. Digamos, por exemplo, que você queira interconectar 100 mercados. Com entregas diretas ponto a ponto, cada mercado precisaria enviar diretamente para outros 99 mercados. Multiplique isso por 100 e teríamos 9.900 entregas diretas. Baseando-se nesse modelo, os correios e a UPS concluíram que não havia como tornar o serviço de entregas economicamente viável de um dia para o outro.

Pensamento criativo

Fred Smith não pensou em entregar pacotes dentro dos sistemas estabelecidos. Em vez disso, percebeu que a essência de todo sistema de entregas está no "movimento". Então Smith se perguntou sobre o conceito de movimento e pensou em como as coisas se movem de um lugar para outro, em como a informação se move, e em como os bancos movimentam dinheiro ao redor do mundo. Descobriu que tanto os sistemas de informação quanto os bancos interligam todos os pontos em uma rede e os conectam por meio de um eixo central. Assim, decidiu criar um sistema de entrega, a empresa Federal Express, agora conhecida como FedEx, que operasse essencialmente da mesma maneira que as câmeras de compensação das agências de informação e dos bancos.

Para qualquer transação individual, passar por um eixo central seria absurdo; significaria fazer pelo menos uma parada extra. Contudo, se olharmos para a rede como um todo, usar um eixo central é uma maneira eficiente de criar um número enorme de conexões. Para conectar os mesmos 100 mercados, seriam necessárias, no máximo, 100 entregas. Dessa forma, estamos olhando para um sistema cerca de 100 vezes mais eficiente. O sistema de entregas de Smith é tão eficiente que a mesma ideia foi posteriormente empregada em todos os sistemas de entregas por via aérea na indústria.

É importante perceber que os padrões de movimentação financeira, informações e bens não descrevem uma ideia ou um fato; descrevem o potencial de uma ideia ou um fato da natureza. Bancos e sistemas de entregas, por exemplo, não haviam se transformado em fenômenos entre si até serem observados e combinados conceitualmente em um único fenômeno na mente de Fred Smith.

A seguir apresento um experimento que envolve padrões de séries numéricas. Para resolvê-lo, considere cada linha de números no contexto das demais linhas.

> **EXPERIMENTO MENTAL**
>
> Você consegue discernir o padrão e completar a última linha de números?
>
> 1
> 11
> 21
> 1211
> 111221
> 312211
> 13112221
> 1113213211
> ? ? ? ? ? ? ? ? ? ?
>
> (Veja a resposta ao final do capítulo.)

O QUE OS FÍSICOS E OS BAILARINOS TÊM EM COMUM?

A essência do fenômeno da supercondutividade na física é o movimento. O físico Marvin Cohen pensou no movimento e nos demais processos envolvidos. Um dos que o deixavam intrigado era o movimento de uma coreografia. Cohen trabalhou com o coreógrafo David Wood para produzir uma dança chamada "Correntes", que tinha a supercondutividade como modelo. Os bailarinos apresentaram alguns novos movimentos que expressavam estados ordenados e ofereciam o novo insight sobre esses fenômenos.

Seu trabalho inspirou mais colaboração entre bailarinos e cientistas. Os organizadores de um festival de dança realizado na Universidade de St. Andrews, na Escócia, convidaram os principais pesquisadores biomédicos e bailarinos para colaborar. A ideia de "Faíscas de Dança"[2] surgiu quando a coreógrafa Tricia Anderson

---

[2] A fonte dessa história é ROOT-BERNSTEIN, Michele; ROOT-BERNSTEIN, Robert. Dance your experiment. **Psychology Today**, 13 out. 2008. Disponível em: <https://www.psychologytoday.com/us/blog/imagine/200810/dance-your-experiment.> Acesso em: 28 set. 2022.

e o fisiologista Mark Evans refletiram "sobre como um bailarino abordaria conceitos científicos complexos, e como um cientista poderia dar forma à visão científica por meio do movimento, da luz e do som". Combinar conceitualmente os processos de dança e ciência levou a inovações empolgantes.

Martin Skalski,[3] professor de engenharia do Pratt Institute, é conhecido por levar os alunos a conceitualizar. Alunos que projetam automóveis, por exemplo, podem ser solicitados a desenhar composições abstratas de "coisas em movimento" e, posteriormente, a usar os desenhos para estimular a imaginação ao projetar automóveis. Ex-alunos de Skalski trabalharam em um projeto de modernização do avião. Em vez de trabalhar para melhorar os projetos existentes, exploraram como "as coisas reduzem o arrasto". Em vez de pensar mecanicamente sobre causa e efeito, procuraram interações mútuas entre objetos. A simples bola de golfe levou a uma ideia inovadora. Eles descobriram que o padrão de covinhas de uma bola de golfe reduz o arrasto de forma eficiente, de modo tal que esse padrão logo aparecerá em aviões.

Quando procuramos interações mútuas entre objetos, observamos a essência de seus espíritos. Imagine, por exemplo, um arco-íris. Parece ser um objeto feito de arcos coloridos. Se você supôs que o arco-íris era um objeto, ao caminhar em direção a ele, não o encontrará. Em vez disso, encontrará gotas de chuva caindo e raios do sol. Se estudar as gotas de chuva e os raios do sol como eventos separados, nunca vai entender o arco-íris. Contudo, se estudar a inter-relação entre a luz e as gotas de chuva, descobrirá a essência do arco-íris, que é a combinação da chuva que cai com a luz refratada nela. É um processo, não um objeto.

Como o agrupamento e o fluxo de bactérias se assemelham aos átomos de um ímã? Tamas Vicsek,[4] físico da Universidade Eotvos,

---

[3] Para mais informações sobre Martins Skalski e sua obra, veja <http://mysite.pratt.edu/~mskalski/About%20Prof%20Skalaki.html>. [Link consultado pelo autor não disponível na data de publicação desta obra. (N.E.)]

[4] Para mais informações sobre Tamas Vicsek e sua obra, veja <http://hal.elte.hu/~vicsek/>.

em Budapeste, estudou colônias rotativas de bactérias e descobriu que elas se alinham como os átomos de um ímã. Em uma barra de ferro magnético, os átomos têm uma maneira notável de se autocorrigirem quando alguns saem da linha. A forma de as bactérias e os átomos se agruparem e fluírem um dia levará a novos projetos para rodovias e estádios esportivos.

POR QUE NÃO PENSEI NISSO?

Não há uma operação em que o Sol atraia Júpiter e outra pela qual Júpiter atraia o Sol; há uma operação em que o Sol e Júpiter tentam se aproximar um do outro. O importante é a relação entre Júpiter e o Sol. Da mesma forma, a criatividade vem da observação das relações entre os objetos, muito mais do que dos objetos em si, e do estabelecimento de conexões abstratas entre eles.

Sabe aquela sensação de "Por que não pensei nisso?" ao observar uma nova ideia ou processo? Ficamos impressionados com a obviedade da ideia ao percebermos a conexão. Imagine quantos empresários, inventores e fabricantes tiveram vontade de arrancar os próprios cabelos quando a Gillette lançou a lâmina descartável.

A Gillette foi fundada por King Camp Gillette, que, para fazer fortuna, perseguiu a ideia de fabricar algo para ser usado uma vez por dia e depois jogado fora. Recorreu metodicamente ao alfabeto, pensando em possíveis produtos que começavam com A, depois B e assim por diante, listando todas as possibilidades. Isso resultou em perda de tempo. A ideia de um aparelho de barbear não aconteceu por meio do raciocínio lógico, mas por um momento de percepção quando viu que um barbeador não era um objeto, mas uma "borda afiada". Naquele momento, segundo ele, viu a navalha descartável mais como uma imagem do que como um pensamento.

Em outro exemplo, os cientistas da Gillette queriam desenvolver uma nova escova de dente. Em vez de se concentrar em uma escova de dentes, concentraram-se em "limpar". Entre as coisas que estudaram, estavam:

- Como os carros são limpos?
- Como o cabelo é limpo?
- Como as roupas são limpas?
- Como as artérias são limpas?
- Como as unhas são limpas?
- Como as vias navegáveis são limpas?

Eles ficaram animados quando estudaram como limpar os carros. Os carros podem ser limpos com uma lavagem. As lavagens de carros usam várias ações de ensaboamento e escovação em direções distintas. Os cientistas viram uma relação entre os carros e os dentes e incorporaram o princípio de várias escovas seguindo diferentes direções até chegarem à escova de dentes elétrica Oral B, que se tornou a escova de dentes mais vendida no mundo.

O nosso dom especial é a imaginação para estabelecer conexões metafóricas universais entre duas áreas de experiências diferentes. Por exemplo, no experimento mental que se segue, pegue as duas palavras sem sentido *maluma* e *tuckatee* e combine-as com as figuras A e B. Qual é "maluma" e qual é "tuckatee"?

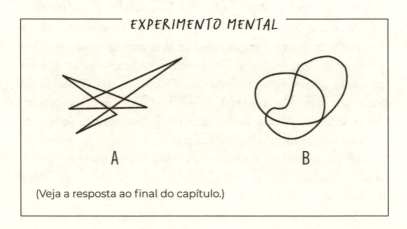

(Veja a resposta ao final do capítulo.)

Xiaohui Cui, do Oak Ridge National Laboratory, no Tennessee, teve uma ideia para organizar melhor as informações na internet estabelecendo uma conexão entre como a informação se agrupa e flui na internet e como as aves da mesma espécie se agrupam e fluem.[5]

O sistema imita como as aves da mesma espécie se agrupam quando voam. Ele criou bandos de "pássaros" virtuais. Cada pássaro carrega um documento, ao qual é atribuída uma sequência de números. Os documentos com muitas palavras semelhantes têm sequências numéricas do mesmo tamanho. Um pássaro virtual voará apenas com outros de sua própria "espécie" ou, nesse caso, com documentos com sequências numéricas do mesmo tamanho. Quando um novo artigo aparece na internet, o *software* procura palavras semelhantes às dos artigos existentes e, em seguida, arquiva o documento em um dos grupos existentes, ou cria um novo.

Ao entrar na rede, essa nova ferramenta alimentada pela internet atualizará automaticamente o navegador com as novas histórias publicadas em suas páginas favoritas. Também fornecerá atualizações automáticas de outras páginas, como quando novos artigos científicos forem adicionados a periódicos.

EXPERIMENTO MENTAL

Em vez de prender pessoas que violam os limites de velocidade dos automóveis, sua cidade pede que você tenha ideias para fazer as pessoas desacelerarem ao se aproximarem de um cruzamento movimentado. As autoridades já consideraram todas as opções usuais: polícia de trânsito, radar, sinais de alerta, lombadas e redutores de velocidade.

A essência do problema é a questão: "O que faz que as coisas diminuam a velocidade?".

Primeiro, liste o máximo de observações que puder sobre como e por que as coisas diminuem a velocidade. Alguns exemplos:

A água da torneira desacelera à medida que você fecha a torneira.

Os vírus desaceleram os computadores.

---

[5] NELSON, Bryn. Swarm intelligence inspired by animals. **NBC News**, 14 abr. 2008. Disponível em: <https://www.nbcnews.com/id/wbna23888902>. Acesso em: 29 set. 2022.

> As pessoas desaceleram quando veem algo espetacular ou muito bonito.
>
> O coração desacelera quando relaxamos.
>
> Os animais desaceleram quando estão com medo.
>
> As equipes de futebol desaceleram quando estão muito à frente.
>
> Os aviões desaceleram quando baixam os flaps.
>
> Antes de continuar a leitura, dedique algum tempo procurando dicas e outros exemplos de como e por que as coisas desaceleram, as quais você pode usar para gerar ideias. Veja o que passa pela sua cabeça.

Uma cidade se organizou para pensar em maneiras diferentes de fazer as pessoas desacelerarem. Um morador se lembrou de uma ocasião em que diminuiu a velocidade do veículo ao ver um belo mural em um armazém enquanto dirigia no centro de Los Angeles. Isso inspirou a ideia de criar algo bonito ou incomum para desacelerar o tráfego. A cidade contratou um artista local para pintar um buraco gigante usando uma técnica (*trompe l'oeil*) que cria a ilusão de tridimensionalidade. A gigantesca pintura 3D de um buraco em um cruzamento funciona como um feitiço. Os motoristas dizem que, quando algo é avistado na estrada, o condutor fica confuso por um momento e automaticamente desacelera; depois, descobre que é só uma pintura e continua. Os monitores revelaram que a velocidade dos veículos caiu de uma média de 70 quilômetros por hora, em uma área em que se deve trafegar a 50 por hora, para uma média de 40.

Pensar na essência e nos princípios libera a imaginação das restrições das palavras, dos rótulos e das categorias. Imagine ter crescido acreditando que tomates são batatas e batatas são tomates. Imagine ainda que você vive em um mundo em que todos sabem a verdade sobre esses alimentos, exceto você. Quando você pensa que está comendo batata, está comendo um tomate e vice-versa. Supondo que você siga uma dieta equilibrada, o fato de estar enganado sobre os tomates e as batatas não teria impacto real em sua vida, exceto por suas brigas contínuas com os outros sobre a verdadeira natureza desses alimentos.

Agora suponha que todos estejam errados, e o que todos pensam que são tomates e batatas são alimentos completamente diferentes. Digamos que, na verdade, sejam laranjas e beterrabas. Isso importaria? Não, não importaria. Você ainda terá o que comer entendendo ou não a verdadeira natureza do alimento que consome.

Da mesma forma, se você estiver tentando encontrar novas maneiras de pesquisar informações na internet e pensar apenas nos mesmos mecanismos de busca existentes, provavelmente não conseguirá muita coisa. No entanto, se liberar a imaginação das categorias existentes e pensar em "buscar" e em como as demais espécies utilizam os mecanismos de busca, poderá entender como as formigas buscam alimentos.

Que conexão pode haver entre as formigas e os mecanismos de busca? O professor da Universidade Rutgers, Paul Kantor, está desenvolvendo um servidor para o Ministério da Defesa que permitirá encontrar informações na internet da mesma forma que as formigas encontram comida ao seguir trilhas de feromônios (substâncias químicas) deixadas por outras formigas. Kantor espera permitir que as pessoas que buscam informações na internet sejam capazes de criar uma espécie de rota do "feromônio da informação digital", de forma que sigam outras pessoas à procura da mesma informação.

EXPERIMENTO MENTAL

Certa vez, Ernest Hemingway escreveu um romance de seis palavras sobre um desafio. O romance dizia: "Vendem-se sapatos de bebê nunca usados". Esse romance inspirou uma série de relatos de seis palavras que descrevem a essência da vida de uma pessoa. Alguns exemplos são:

"Nunca deveria ter comprado aquele anel."

"Eu ainda faço café para dois."

> "Cara, se eu tivesse um martelo."
>
> Pense em uma frase que descreva a essência do seu processo de pensamento criativo e escreva uma descrição em seis palavras. Veja dois exemplos: "Faça o impossível de ser feito!" e "Lápide não dirá: nunca cometi erros". A minha dirá: "À noite, todo gato é pardo".
>
> Qual é a sua?

TRANSFORME-SE NO PROBLEMA

O artista francês Paul Cézanne, o pai da pintura moderna, mudou os valores convencionais da pintura no século 19, insistindo que o artista e o tema se tornavam um só. Ele acreditava que a paisagem se torna reflexiva, humana, e que pensa por meio do pintor. Ao fundir-se conceitualmente com a paisagem, Cézanne dizia que se tornava a consciência subjetiva da paisagem e que a pintura se transformava na consciência objetiva.

Fundir-se ou tornar-se um só com o tema estudado permite insights e descobertas únicas. É possível fundir-se conceitualmente com o problema? Você e o problema podem se tornar um só?

Um colega do professor ganhador do Prêmio Nobel Richard Feynman, da Universidade de Cornell, abriu a porta do escritório dele sem bater e encontrou Feynman rolando no chão, totalmente alheio à sua entrada. Depois que o colega finalmente chamou a atenção de Feynman, perguntou que diabos ele estava fazendo. Estava doente? Louco? Feynman disse que estava imaginando como um elétron agiria.

Em outro momento, Feynman ficou intrigado com um experimento no departamento de psicologia que envolvia ratos. O objetivo era descobrir como os ratos eram capazes de retornar ao local em que encontraram alimento. Imaginou ser um rato e andou pela sala, passando pela porta do escritório várias vezes. Então, de repente, postulou uma hipótese. Sugeriu que uma das pistas que os ratos seguem para retornar à fonte de alimento era o som. Os ratos sabiam voltar pela forma em que o chão soava quando passavam por ele.

Em outro exemplo de como se fundir ao tema estudado, uma empresa pública do Texas queria reduzir drasticamente os custos de manutenção dos equipamentos. Enormes máquinas geradoras de energia elétrica, como turbinas, geradores e caldeiras, têm uma expectativa de vida de 35 anos. Substituir maquinário de grande porte como esse custa milhares de dólares.

Uma equipe de gerentes imaginou ser um quilowatt que viaja pelos vários sistemas de combustível fóssil e de energia nuclear da empresa. Durante três meses, viajaram, de forma imaginária, através de cada estágio do processo. Quando começaram a compreender os diversos e complexos níveis de durabilidade do sistema, puderam aproveitá-lo melhor. Em vez de substituir sistemas inteiros, desenvolveram um plano para substituir as peças principais. Esse plano de manutenção redesenhado reduzirá dez vezes ou mais os custos da empresa com equipamentos.

Imagine-se sendo o assunto que você está contemplando, ou uma parte dele, e procure ver a situação dessa perspectiva. Essa é uma técnica favorita de T. A. Rich, famoso inventor da General Electric. Suponha que você esteja pensando em instalar uma piscina. Você consegue se imaginar sendo uma piscina? Quais os pontos de vista da piscina em relação à instalação? Que recomendações ela faria?

EXPERIMENTO MENTAL

Caixas pesadas são difíceis de mover. Às vezes, caem no chão, riscam as paredes e geralmente são difíceis de serem manuseadas com cuidado. Carrinhos de metal são caros e geralmente não estão disponíveis quando você precisa mover uma caixa.

Imagine ser uma caixa de papelão. Como seria ser uma caixa grande? Pequena? Como seria estar vazia? Como seria estar cheia? Cheia de forma descuidada? Cheia de coisas pesadas? O que uma caixa pesada diria para você se pudesse pensar e falar? Que problemas uma caixa teria? Que recomendações daria para facilitar o transporte da caixa? Como uma caixa se redesenharia?

Reserve um momento e liste as ideias antes de continuar a leitura.

Como você se saiu? Conseguiu criar ideias para transportar a caixa de maneira mais fácil, segura e econômica?

Uma solução criada por David Graham,[6] conforme relatado por Yanko Design, é o que ele chama de "kit caixa móvel". O kit inclui um conjunto de rodas de papelão autoadesivas e uma alça que pode ser anexada em qualquer caixa, criando instantaneamente um carrinho. Uma vez em casa, todo o dispositivo (rodas incluídas) pode ser reciclado, ou você pode retirar as rodas e a alça para reutilizar em outra caixa.

A seguir, mais um experimento.

EXPERIMENTO MENTAL

As placas solares convertem a energia do sol em eletricidade. Infelizmente, desperdiçam muita luz solar, principalmente por causa do material usado para cada tipo de placa. O material é sensível apenas a determinado segmento do espectro. Isso significa que a luz não aproveita as outras faixas de cores.

Imagine ser uma placa solar. Pensando na perspectiva de uma placa solar, você consegue eliminar ou reduzir a quantidade de luz solar desperdiçada?

Imaginar-se sendo uma placa solar encoraja você a pensar em maneiras de capturar e transmitir a luz do sol em vez de desperdiçá-la. Essa perspectiva inspirou um estudante de pós-graduação do MIT[7] a descobrir como transmitir a luz solar de uma placa para outra. Montam-se vários tipos diferentes de placas, coloca-se na frente de cada uma delas um filtro reflexivo que filtre toda a luz, exceto a parte que pode ser usada, e depois montam-se todas juntas dentro de

---

[6] Para ver fotografias, um videoclipe e uma descrição do kit Move-it, veja SETH, Radhika. **Move-it when shopping! Yanko Design**, 9 ago. 2010. Disponível em: <www.yankodesign.com/2010/08/09/move-it-when-shopping/>. Acesso em: 26 jan. 2023.

[7] A fonte dessa história é MIT's Technology Review. Veja mais em: Two clever ideas from Tech Review. **Edkeys.org**, 19 abr. 2019. Disponível em: <www.edkeyes.org/blog/050419.html>. Acesso em: 26 jan. 2023.

uma esfera espelhada. Dentro da esfera, a luz salta até ser absorvida pela placa solar que pode usá-la.

Este capítulo vem enfatizando a importância de procurar padrões comuns entre assuntos de diferentes domínios. Que padrões comuns existem entre a forma segundo a qual a natureza cria novas espécies e a forma pela qual os humanos criam ideias?

A LIÇÃO DA NATUREZA

A força mais criativa é a natureza. A primeira coisa que aprendemos sobre a natureza é sua extraordinária produtividade. A natureza cria uma infinidade de espécies por meio de processos duplos-cegos de ensaio e erro, e depois permite que a seleção natural decida quais espécies sobrevivem. Na natureza, por volta de 95 das 100 novas espécies fracassam e morrem.

Com o tempo, os genes das espécies sobreviventes se estabilizam e prosperam, mas, no final, variações precisam ser incluídas. Na natureza, um acervo genético totalmente desprovido de variação seria incapaz de se adaptar a mudanças nas circunstâncias, com consequências fatais para a sobrevivência da espécie. Com o tempo, a sabedoria codificada geneticamente se converteria em tolice.

A natureza cria mutações genéticas para fornecer as variações necessárias para a sobrevivência. Uma mutação genética é uma variação criada por um evento aleatório que ignora a sabedoria convencional contida nos cromossomos parentais. O processo de seleção natural determina quais variações sobrevivem e prosperam.

Um processo similar é operado dentro de nós. Todo indivíduo tem a capacidade de criar ideias com base nos padrões de pensamento existentes, fundamentados na educação e na experiência. Contudo, sem nenhuma provisão de variações, as ideias acabam estagnadas e perdem as vantagens adaptativas. No final, se você sempre pensar do jeito que sempre pensou, sempre obterá o que sempre obteve. As mesmas velhas ideias. Não podemos introduzir variações nos nossos padrões de pensamento.

No capítulo seguinte, mostrarei como criar "mutações de pensamento" combinando assuntos ou eventos aleatórios ou "casuais" com outros. Essas mutações de pensamento fornecerão as variações de padrão de pensamento necessárias para a criação de novas ideias.

Chave de resposta: Resposta do experimento mental da página 69: 3 1 1 3 1 2 1 1 1 3 1 2 2 1

Cada linha de números descreve a linha anterior.
Primeira linha: 1
Depois 1 1 (um)
Depois 2 1 (uns)
Depois 1 2 (dois), 1 1 (um)
Depois 1 1 (um), 1 2 (dois), 2 1 (uns)

Resposta do experimento mental da página 72: A maioria das pessoas identifica A como "tuckatee" e B como "maluma". Esse é um exemplo do nosso dom para estabelecer conexões metafórico-analógicas universais mesmo entre palavras e formas diferentes.

6
O segredo de Leonardo da Vinci

PENSE COMO LEONARDO DA VINCI

Leonardo da Vinci foi o primeiro a escrever sobre a importância de introduzir a aleatoriedade e o acaso nos eventos para produzir variação nos nossos padrões de pensamento. Sugeriu que encontraríamos inspiração para ideias maravilhosas se procurássemos assuntos aleatórios para combiná-los conceitualmente com algo desafiador. Observava as manchas nas paredes, ou as cinzas de um incêndio, ou os formatos das nuvens, ou as marcas deixadas na lama, ou coisas assim. Imaginava ver árvores, batalhas, paisagens, figuras com movimentos vivos, e assim por diante; depois, ativava a mente misturando conceitualmente o assunto estudado com assuntos e eventos imaginados por ele. Leonardo ocasionalmente jogava uma esponja cheia de tinta contra a parede para contemplar as manchas aleatórias, pensando no que poderiam representar.

Veja o experimento mental que se segue. Imagine que você é Leonardo por um momento e que está olhando para uma série de formas na parede. Escreva suas conclusões.

EXPERIMENTO MENTAL

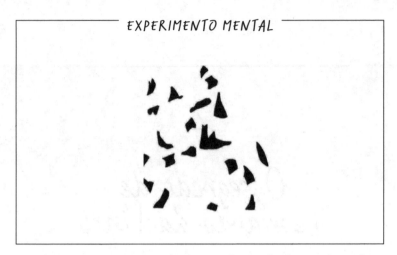

A imagem não passa de um conjunto de formas irregulares espalhadas aleatoriamente. Não representa absolutamente nada. No entanto, algumas pessoas acreditam ver um cavaleiro montado em um cavalo. É a mente tentando dar sentido a algo que não tem sentido algum. Agora suponha que Leonardo estivesse pensando em novas formas de transportar as pessoas. Olhando para o conjunto de formas que, conforme eu já disse, representam para alguns um cavaleiro e um cavalo, Leonardo pode ter percebido duas rodas na metade inferior. Dessa forma, a imagem passa a parecer um cavaleiro sobre rodas. Combinando conceitualmente as rodas com o transporte, ele pode ter percebido pessoas sendo transportadas sobre duas rodas e uma estrutura que se assemelha a um cavalo. Foi assim que o gênio inventou a bicicleta.

Leonardo não aprendeu praticamente coisa alguma nos livros. Ele desfrutava de uma liberdade natural de pensamento que permitia estabelecer conexões entre coisas distintas, incluindo sistemas totalmente diferentes. Associou o movimento da água com o movimento do cabelo humano, tornando-se a primeira pessoa a ilustrar, com extraordinária riqueza de detalhes, as múltiplas sutilezas invisíveis da água em movimento. Suas observações levaram à descoberta de um fato da natureza que ficou conhecido como "lei da continuidade". Foi a primeira pessoa na história a apreciar como o ar e a água se combinavam. "Em todos os casos de movimento",[1] escreveu, "a água está em grande harmonia com o ar."

Crie o hábito de procurar em mundos diferentes as conexões com o assunto de interesse. Um exemplo de como isso pode funcionar é o circo tradicional, que há algumas décadas estava em decadência, piorando a cada ano. Um grupo de jovens artistas dedicado a entreter o público (palhaços, engolidores de fogo, malabaristas e outros) decidiu criar um festival em Quebec e trocar ideias e talentos. O objetivo era ressuscitar e melhorar o circo tradicional. Além de contar com os artistas tradicionais, o festival atraiu autores, cantores, compositores, dramaturgos e atores. As diversas habilidades e talentos eram incompatíveis com o que o público esperava encontrar em um circo.

Essa incompatibilidade de talentos levou os artistas a inventarem novas maneiras de entender o circo. A ideia final combinou todos os talentos de diferentes artistas que se apresentam juntos sob uma grande tenda, como um circo itinerante. Decidiram manter o nome *circo*, mas mudar o significado do conceito (não haveria animais, por exemplo). Combinaram as artes do circo, as artes do artista de rua e as artes teatrais em um espetáculo teatral com música que apresenta histórias em ambiente circense. Deram o nome de Cirque du Soleil e começaram a oferecer diferentes espetáculos com diversos temas em todo o mundo.

É IMPOSSÍVEL NÃO ESTABELECER CONEXÕES

O cérebro humano não pode se concentrar deliberadamente em duas ideias ou objetos separados, por mais diferentes que sejam, por mais remotos que sejam, sem acabar estabelecendo uma conexão entre eles. De acordo com a própria história, Isaac Newton concebeu a teoria da gravitação universal ao observar uma maçã caindo,

---

[1] DA VINCI, Leonardo. **The notebooks of Leonardo da Vinci**. New York: Oxford University Press, 1980. p. 37.

ao mesmo tempo que observava a Lua no céu. Tais imagens simultâneas aleatórias o inspiraram a especular se as mesmas leis governavam a queda da maçã e a órbita da Lua ao redor da Terra. Isso, por sua vez, o levou a desenvolver as leis da mecânica e a estabelecer a análise e os modelos matemáticos como os principais fundamentos da ciência e da engenharia.

A combinação conceitual de Newton deu origem a uma nova ciência. O mesmo processo pode ajudar você a obter as ideias de que precisa no mundo dos negócios. James Lavoie e Joseph Marino, cofundadores da Rite-Solutions, fizeram exatamente isso quando precisaram de um sistema de sugestões de funcionários que pudesse colher ideias de todos na empresa, incluindo engenheiros, contadores, vendedores, pessoal de marketing e todo o administrativo.

Eles queriam um processo que levasse os funcionários a investir na empresa. A palavra "investir" os encorajou a encontrar diversas formas de investir. Uma das associações foi com a Bolsa de Valores de Nova Iorque.

EXPERIMENTO MENTAL

Sua tarefa para este experimento é criar um sistema de recebimento de sugestões de funcionários, combinando conceitualmente sistemas de sugestões de ouvidoria com a Bolsa de Valores de Nova Iorque.

Veja que ideias você consegue gerar. Sugestões:

1. Primeiro, liste os atributos da Bolsa de Valores de Nova Iorque.

2. Liste tudo o que pensar sobre a Bolsa de Valores de Nova Iorque. O que é? Como as pessoas investem? Por que investem? Como monitoram os investimentos? Que ações podem realizar (comprar, vender, manter, etc.)? Como as empresas atraem investidores? Como e por que os preços mudam?

3. Qual é a arquitetura da Bolsa de Valores de Nova Iorque? Quais partes da arquitetura da Bolsa podem ser usadas para motivar os funcionários da empresa a fazer propostas de novos produtos e serviços e recompensá-los por isso?

A Rite-Solutions combinou a arquitetura da bolsa de valores com a arquitetura de uma empresa de câmbio local e criou o mercado de troca de ideias. O mecanismo de intercâmbio interno da empresa é chamado de Mutual Fun®. Nesse intercâmbio privado, qualquer funcionário pode oferecer uma proposta para criar um novo produto ou derivado, para resolver um problema, para adquirir novas tecnologias ou empresas, e assim por diante. Essas propostas são transformadas em ações e associadas a símbolos dos mercados para serem identificadas.

Conforme relatado no *The New York Times*:

> Cinquenta e cinco ações estão listadas na bolsa de valores interna da empresa.[2] Cada ação vem com uma descrição detalhada do conteúdo e começa a ser negociada a um preço de 10 dólares. Cada funcionário recebe 10 mil dólares a título de "opinião" para alocar entre as diferentes ofertas; os funcionários sinalizam o entusiasmo investindo em ações ou oferecendo-se para trabalhar no projeto.

O resultado tem sido um sucesso estrondoso. Entre as principais tecnologias da empresa estão os algoritmos de reconhecimento de padrões usados em aplicações militares, bem como em sistemas de jogo eletrônico em cassinos. O administrativo, sem nenhum conhecimento técnico, ficou fascinado com uma das tecnologias existentes na empresa e dedicou um bom tempo pensando em outras maneiras de usá-la. Um dos caminhos que explorou foi a educação. Propôs que essa tecnologia pudesse ser usada em escolas para criar uma maneira divertida de aprender história ou matemática. Iniciou uma ação chamada Ganha/Joga/Aprende (WPL, iniciais de *win*, *play* e *learn*, no original em inglês), que atraiu muita atenção dos engenheiros da empresa. Eles compraram as ações com entusiasmo e se ofereceram para trabalhar na ideia a fim de transformá-la em

---

[2] Essa história foi contada por: TAYLOR, William C. Here's an idea: let everyone have ideas. **The New York Times**, 26 mar. 2003. Disponível em: <www.nytimes.com/2006/03/26/business/yourmoney/26mgmt.html>. Acesso em: 27 set. 2022. O artigo é uma descrição de como a Rite-Solutions construiu uma "arquitetura de participação" usando o modelo da bolsa de valores para receber sugestões dos funcionários.

um novo produto viável, e conseguiram. Uma ideia brilhante advinda de uma fonte improvável foi possível por meio desse novo sistema de captação de sugestões. Assim como Isaac Newton obteve inspiração combinando imagens de uma maçã que caía e da órbita da Lua, a corporação criou um inovador sistema de sugestões de funcionários combinando os conceitos da Bolsa de Valores de Nova Iorque e as sugestões dos funcionários.

O experimento mental a seguir fornece um meio de produzir variações cegas de ideias pelo uso de palavras aleatórias a fim de produzir uma rica variedade de ideias imprevisíveis. No Apêndice, você encontrará uma lista de palavras aleatórias para serem usadas com essa técnica. As palavras são simples, visuais e ricas em conexões e estimularão ondas de associações e conexões. Elas se dividem em cinco grupos. Sugiro que você selecione aleatoriamente um dos grupos e tente usar todas as cinco palavras nesse experimento.

EXPERIMENTO MENTAL

Mark Martinez,[3] da Southern California Edison, estava preocupado com a invisibilidade da energia e as consequências para nós. Tendemos a não prestar atenção em quanta energia usamos ou desperdiçamos em casa. Considere, por um momento, todos os carregadores, computadores e outros dispositivos eletrônicos que estão conectados na sua residência neste momento. Muitos não pensam na rede elétrica e no fato de que a energia fica mais cara quando está no máximo de sua capacidade. Por não sabermos monitorar a rede elétrica, não sabemos dizer quando ela está saturada. O desafio está em encontrar uma forma de tornar o uso da energia visível, o que incentivaria as pessoas a economizá-la.

Feche os olhos e aponte aleatoriamente para uma palavra na lista do Apêndice.

A palavra aleatória que usarei neste exemplo é "bola".

---

[3] Clive Thompson escreve que Mark Martinez encontrou um novo uso para o Ambient Orb e, em poucas semanas, os usuários reduziram 40% do consumo de energia. THOMPSON, Clive. Clive Thompson thinks: desktop orb could reform energy hogs. **Wired**, 27 jul. 2007. Disponível em: <https://www.wired.com/2007/07/clive-thompson-thinks-desktop-orb-could-reform-energy-hogs/>. Acesso em: 26 jan. 2023.

Liste as características. Faça um desenho da palavra para envolver o hemisfério direito do cérebro e, em seguida, liste suas características. Então, pense em uma série de coisas associadas à palavra e faça outra lista. Exemplos:

Características:

Bolas têm diferentes tamanhos e cores.

São usadas em múltiplos esportes.

São feitas para que os usuários se divirtam ao usá-las.

Associações:

Mantenha os olhos na bola.

Jogar bola é uma boa maneira de interagir com as pessoas.

Instituições organizam bailes[4] de caridade.

Conexões: Estabeleça uma conexão forçada entre cada "associação" e cada "característica" e o desafio em que você está trabalhando. Faça perguntas como:

Como o fato de a bola ter diferentes tamanhos e cores se parece com o meu problema?

Seria possível transformar a conservação de energia em um esporte?

Como transformar a conservação de energia em algo divertido?

Há algo que seja comum e que o mundo todo consiga ver?

Como eu poderia criar algo que interagisse com as pessoas de todo o mundo?

O que faz as pessoas se sentirem bem participando de bailes de caridade?

Exemplo: Um engenheiro lembrou-se de um baile beneficente em que um globo prateado refletia cores e imagens por toda a parte na pista de dança. Os organizadores do evento criaram um ambiente usando também luzes coloridas: luzes vermelhas brilhantes para danças rápidas e luzes mais suaves, azul, rosa e amarela, para danças lentas.

Essência: O engenheiro gostou da ideia de criar ambientes porque isso muda a psicologia e o estado de humor dos dançarinos. Ficou intrigado com a ideia de ambientação. Perguntava-se como criar um ambiente para o uso da energia.

---

[4] A palavra *ball*, em inglês, significa tanto "bola" quanto "baile". [N.T.]

Descobriu vários dispositivos, mas o que mais o intrigou foi um dispositivo para supervisionar carteiras financeiras. Era possível programá-lo para brilhar com a cor de sua preferência na intensidade escolhida. Por exemplo, tons entre bege e verde pálido poderiam brilhar quando as ações estivessem subindo, ou tons entre o rosa e o vermelho surgiam quando as ações estivessem caindo.

Combinando conceitualmente "baile" (*ball*) e "ambiente", o engenheiro teve a ideia de tornar a energia visível criando uma bola (*ball*) que mudava de cor de acordo com a mudança de capacidade da rede. A bola sinaliza mudanças nas tarifas elétricas brilhando na cor verde quando a rede está "subutilizada" ou abaixo da capacidade de consumo, e na cor vermelha quando os clientes pagam mais pela energia.

Conservar energia se transformaria em um jogo, em um desafio agradável e completo, com recordes pessoais quantificáveis. Como Clive Thompson escreveu:

> Imagine que o seu consumo diário[5] fizesse parte da sua página do Facebook e fosse transmitido ao seu círculo de amigos por meio do sistema RSS.[6] Isso desencadearia o efeito sentinela e você prestaria mais atenção na conservação de energia para não parecer um idiota na frente dos amigos.

Agora pense em um de seus desafios ou problemas atuais. Enquadre o desafio. Em seguida, feche os olhos e selecione aleatoriamente uma palavra ou um grupo de cinco palavras na lista de palavras aleatórias do Apêndice. Siga o mesmo procedimento geral, conforme descrito neste experimento mental, e veja quais ideias você consegue criar.

UMA FORMA DE PENSAR NATURALMENTE

Combinar conceitos é uma forma de pensar e imaginar tão natural que nem percebemos quão fantástica é essa habilidade. Um bom exemplo são as metáforas do dia a dia. Se você ouvir uma frase como "Eles estão cavando sua sepultura financeira", saberá imediatamente o que significa. Entretanto, não existe conexão alguma entre cavar uma sepultura e investir dinheiro. Não existe

---

[5] Ibid.
[6] Sigla para *Really Simple Syndication* ("associação realmente simples"), um formato de distribuição de informações em tempo real pela internet. [N.R.]

uma conexão lógica entre sepulturas e dinheiro. Como é possível saber o que isso significa?

A mente recebe uma informação, "cavar sepulturas", e outra, "investimento financeiro", e as combina conceitualmente. Contudo, o significado não está contido em nenhum desses dados; ele é construído na combinação. Por meio da elaboração consciente e subconsciente, a combinação desenvolve uma estrutura que não consta dos dados originais para criar um novo significado emergente.

Como é possível conectar um coco, um sensor e o ruído de um avião? Um ativista-pesquisador cujo trabalho se concentra em encontrar pontos comuns entre a arte, o ativismo e a tecnologia se incomodou com o barulho dos aviões sobrevoando a cidade em que morava. Criou uma instalação de arte em um lugar específico, Tripware, que respondeu à relação entre o aeroporto e o centro da cidade. Colocou sensores dentro de cocos e os pendurou em árvores em vários locais do centro da cidade para monitorar o ruído das aeronaves. A detecção do ruído excessivo dos aviões faz os sensores acionarem chamadas telefônicas automatizadas para a linha de reclamação do aeroporto em nome dos moradores e dos animais selvagens da cidade.

COLECIONE COISAS INTERESSANTES

Max Planck, o criador da teoria quântica, tinha o hábito de colecionar anúncios interessantes, citações, artigos, projetos, ideias, perguntas, desenhos animados, quadros, rabiscos, poemas, palavras interessantes e outros itens intrigantes que poderiam estimular a imaginação para desencadear ideias por associação.

Muitos pensadores criativos têm práticas similares de coletar e armazenar itens interessantes e usar itens selecionados aleatoriamente para produzir ideias originais. Um CEO queria ter uma ideia para esclarecer valores e implementar as regras de sua organização. Dedicava-se a armazenar materiais "interessantes" em uma gaveta da escrivaninha que chamava de "gaveta de ideias". Em um dado momento, pegou aleatoriamente nessa gaveta um artigo sobre DNA, ácido nucleico que transporta a informação genética da célula.

Então, pensou nas características e nos atributos do DNA, e estabeleceu analogias entre o DNA e uma empresa.

A ideia era criar um código sequencial semelhante ao DNA. Trabalhando com o filho, que era professor de ciências, criou uma maneira de escrever os valores e os objetivos do negócio como um código sequencial semelhante ao DNA, tão comprimido que funciona como uma fórmula matemática. Esse código determina os valores e as regras da organização e a diferencia claramente dos concorrentes. Os funcionários sabem qual é o código e quais são as regras, e os vendedores da empresa exibem com orgulho o DNA para clientes potenciais.

USE GRAVURAS E ILUSTRAÇÕES COMO ESTÍMULOS ALEATÓRIOS

Quadros, fotografias e ilustrações são excelentes fontes de estímulos não relacionados. Selecione aleatoriamente duas ou três fotos interessantes que não tenham nada a ver com o problema que você está estudando. Descreva uma das imagens em detalhes, listando tudo o que lhe vem à mente: imagens, sentimentos, palavras, frases, e assim por diante. Se pensar em algum material absurdo, inclua-o também. Em seguida, faça o esforço de combinar conceitualmente os elementos descritores com o problema em questão.

Foi isso o que fez a gerente de vendas de uma empresa farmacêutica. Ela encheu uma parede inteira do escritório com fotos interessantes de paisagens, produtos, pessoas, animais e símbolos. Toda vez que encontrava algo interessante, pendurava na parede. Um dia, resolveu pensar em algo para diferenciar seus cartões de visita dos da concorrência.

A gerente olhou para as fotos na parede. Uma delas era de uma estrada rural que atravessava um campo de girassóis, e a outra era de um pôr do sol sobre um campo de flores. Escreveu todos os descritores que lhe vieram à mente sobre estradas, pôr do sol e flores. Um dos descritores para o campo de flores era "semente". A ideia da "semente" a intrigava, pois ela via o cartão de visita como a semente para negócios futuros.

Nas horas que se seguiram, a gerente pensou simultaneamente nas sementes e nos cartões de visita e logo depois combinou conceitualmente as duas coisas em uma ideia engenhosa. Fez os cartões de visitas com sementes de flores incrustadas. Após a leitura e o uso do cartão, o cliente poderia colocá-lo em um copo de água ou na terra, e em poucos dias o cartão começaria a florescer. O cartão se transformaria em uma flor que faria o cliente se lembrar constantemente da empresa. Esse é o tipo de ideia que não pensamos usando os preconceitos do pensamento lógico.

Todos temos o dom de fazer associações como essas. Psicólogos descobriram que, se colocarmos pessoas em uma sala com uma engenhoca com lâmpadas conectadas para acender e apagar aleatoriamente, as pessoas rapidamente começarão a distinguir padrões que se repetem e desenvolverão teorias para prever qual lâmpada será a próxima a piscar. Parte da genialidade dos humanos é a capacidade de criar arquiteturas elaboradas na imaginação para detectar padrões e estabelecer novas conexões.

USE A IMAGINAÇÃO

Procure usar a imaginação para encontrar fontes de estímulos aleatórios. Por exemplo, escolha uma revista, um jornal, um livro, uma foto, as páginas amarelas, um dicionário ou qualquer outra coisa. Feche os olhos e assinale uma página com o dedo. Escolha a palavra ou a imagem mais próxima do seu dedo. Depois, vá para um museu, uma galeria de arte ou um shopping center e liste os objetos de interesse. Faça o seguinte experimento mental usando revistas.

EXPERIMENTO MENTAL

1. Separe de cinco a dez revistas bem ilustradas.
2. Determine o número de páginas nas várias revistas (162, 180, 234, etc.).
3. Escolha aleatoriamente cinco números diferentes de 1 a 234 (ou qualquer outro número máximo de páginas para a revista.)

Pensamento criativo

> **4** Consulte as páginas correspondentes (por exemplo, página 44). Coloque um *post-it* nessa página se tiver um anúncio ou fotografia; caso não tenha, coloque um *post-it* na página mais próxima que tiver; um *post-it* por revista.
>
> **5** Pense em como o anúncio ou a fotografia se relacionam com o seu problema, e pense em uma ou duas ideias por revista com base na aparência, na imagem, no conteúdo ou no texto dos artigos da revista.

Um executivo de marketing perdeu o emprego e estava procurando ideias para um novo empreendimento. Separou cinco revistas e selecionou aleatoriamente cinco fotos e anúncios. A escolha era composta de um anúncio de um desenvolvedor de site, um anúncio de um sistema telefônico, um artigo sobre linhas telefônicas eróticas, uma fotografia de Rush Limbaugh[7] e uma fotografia de um pescador de alto-mar. Tais imagens o levaram aos seguintes pensamentos: ganhar dinheiro usando o telefone, vender conselhos ao estilo Limbaugh, usar isca como um pescador e usar a internet para fazer propaganda. Depois disso, ele combinou todas essas possibilidades em uma ideia para um novo empreendimento chamado SOLVE ("resolve", em tradução livre).

A SOLVE disponibiliza um novo serviço em que os assinantes se inscrevem para vender conhecimentos por telefone. Eles recebem um número SOLVE 1-888 com uma extensão específica de oito dígitos. As chamadas são encaminhadas automaticamente ao telefone do assinante: celular, casa, trabalho ou qualquer outro número. Eles definem os próprios horários em que a SOLVE encaminhará as chamadas.

Os assinantes decidem quanto vale seu tempo (75 dólares por hora, 30 dólares por chamada, 15 dólares por 15 minutos, etc.). As chamadas dos clientes são encaminhadas somente quando a tarifa do assinante é paga antecipadamente. A SOLVE cuida de todo o processamento da cobrança e do pagamento, e remunera os assinantes por meio de depósito direto ou cheque, recebendo uma comissão de 15%, sem taxas mensais ou iniciais. Tudo o que os assinantes precisam fazer é comercializar seus conhecimentos (muitos fazem

---

[7] Radialista, ativista político e apresentador norte-americano. [N.R.]

isso em seus sites), informar as pessoas sobre o que estão oferecendo e fornecer os números de telefone 1-888 destinados ao serviço. Entre os assinantes da SOLVE estão consultores de negócios, *coaches*, advogados e consultores fiscais, escritores, psicólogos, empresários e astrólogos. Dessa forma, fragmentos de anúncios e fotos não relacionados entre si inspiraram um novo empreendimento.

Examine a próxima ilustração e imagine que as figuras do item A representam características de dois temas não relacionados entre si (ângulos e círculos). Imagine que essas figuras representam um padrão de informação e de pensamento. Imagine por um momento que você combina conceitualmente as figuras de A para criar a imagem de B. Você terá criado um triângulo equilátero branco. Embora não haja triângulo, você o percebe. E, embora o fundo tenha o mesmo grau de brancura, é visto como mais brilhante. O triângulo surge da combinação dos dois padrões. Os padrões se encaixam como palavras em uma frase. Uma frase não é a soma de suas partes, mas depende de um arranjo sintático. "Um cachorro morde um homem" não é o mesmo que "cachorro um homem morde". Da mesma forma, uma ideia original não é a soma de pensamentos combinados, mas depende de como é interpretada.

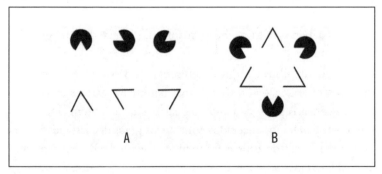

Os físicos quânticos há muito relatam que, no mundo da quântica, as coisas parecem existir em uma infinidade de estados. Essa observação foi feita pela primeira vez pelo físico David Bohm em seu livro *Teoria quântica*, publicado em 1951. Desde então, muitos físicos, incluindo Roger Penrose, o renomado professor de Oxford, descreveram essa multiplicidade de estados[8] possíveis como uma função de onda até que um resultado seja definido pela interação com um observador que realiza o ato chamado de "medição" pelos físicos. Um átomo, por exemplo, permanece um campo aberto de possibilidades até ser forçado a alguma forma de interação com um observador. É como se o átomo ou o elétron quisesse explorar caminhos alternativos antes de entrar em colapso em um estado concreto. Isso é exatamente o que a mente humana criativa faz. Os nossos pensamentos existem em uma infinidade de estados diferentes no consciente e no inconsciente, todos flutuando em um campo aberto de possibilidades até que suas interações aleatórias com outros pensamentos os forçam a seguir uma direção definida. É aí que os estímulos "aleatórios" entram em jogo. Então, a mente criativa experimenta muitos caminhos e resultados antes de combinar conceitualmente pensamentos interessantes e depois entrar em colapso em um estado coerente, que é seu fluxo lógico de pensamento, produzindo uma ideia.

Veja outro exemplo de como isso funciona. Um projetista estava caminhando sob um guarda-chuva em um dia triste e chuvoso. Seu desafio era criar novos designs para capas de chuva, chapéus de chuva e guarda-chuvas. Ele parou em frente a uma loja que vendia instrumentos musicais e focou a atenção em uma bateria. Pensar na bateria e na chuva inspirou a ideia de um guarda--chuva musical.[9]

O guarda-chuva musical apresenta painéis que emitem sons distintos quando as gotas da chuva batem na parte superior do guarda-chuva. A parte do pano do guarda-chuva contém cinco tipos diferentes de tecidos encerados com vários graus de elasticidade para criar uma gama de tons e frequências, dependendo do tamanho e da velocidade das gotas de chuva que caem. A pausa fortuita do

---

[8] Essa discussão sobre a possibilidade de uma multiplicidade de estados ocorre em McCrone, John. **Going inside: a tour round a single moment of consciousness**. New York: Fromm, 2001.
[9] Artigo de Daniel Edmundson no site da PSFK. Disponível em: <http://www.psfk.com/2010/04/rain-drum-umbrella-makes-music-out-of-rain-drops.html>.

designer em frente a uma loja de instrumentos musicais apresentou a ele o estímulo aleatório (tambores) que inspirou sua ideia.

CAMINHE PARA PENSAR

Caminhe pela sua casa, pelo seu bairro ou pelo seu local de trabalho e arredores. Retorne com quatro ou cinco objetos (ou uma lista de objetos) que despertaram seu interesse durante o passeio: por exemplo, crianças pulando corda, uma pedrinha, um saco de jujubas, um bebedouro, etc. Estude os objetos e liste suas características. Em seguida, escreva todas as ideias usando os procedimentos descritos anteriormente no experimento mental de escolher palavras aleatórias (ver página 86).

Um engenheiro de software queria inventar um novo dispositivo sem fio para ser produzido e comercializado. Vagava sem rumo pelas ruas e anotava as coisas que o interessavam sem nenhuma razão particular. Um dia, quando começou a caminhada, o céu estava muito azul e o sol brilhava. Ele notou um guarda-chuva com o tecido transparente que parecia muito original. Com o passar do dia, o céu escureceu e choveu. O engenheiro voltou para a loja encharcado. Pensou no céu mudando de cor, no guarda-chuva e na tecnologia sem fio, e os combinou conceitualmente para transformá-los em uma nova ideia. Inventou um guarda-chuva com uma alça de diferentes cores que se ilumina de acordo com a previsão do tempo. Os padrões de luz coloridos indicam chuva, garoa, neve ou trovoadas. A alça recebe automaticamente dados dos serviços meteorológicos locais pela rede sem fio.

"BECO SEM SAÍDA" NO MUNDO DAS PUBLICAÇÕES

Conheço um autor que usou a técnica de Leonardo de forma muito perspicaz para conseguir publicar seu livro. A fim de evitar qualquer constrangimento, não identificarei o autor, o editor nem a editora. Quando ele entrou em contato com alguns editores para oferecer o manuscrito, responderam que não consideravam manuscrito algum a menos que fosse representado por um agente literário. Quando ele entrou em contato com alguns agentes, disseram que não representavam pessoas que ainda não tivessem publicado nada. Foi um clássico beco sem saída.

Ele tentou todas as formas convencionais de conseguir um agente, sem sucesso. Teve que encontrar uma maneira de fazer que um editor lesse o manuscrito. O escritor possuía um baralho de cartas que costumava usar para produzir pensamentos e associações aleatórias. Ele embaralhou as cartas, fechou os olhos e tirou uma delas. A carta puxada foi a da "morte". Intrigado, começou a se perguntar que conexões havia entre a morte e conseguir que um editor lesse seu manuscrito. O que a morte tem a ver com editoras?

O escritor pensou em coisas relacionadas à morte: as causas, o luto, funerais, como os animais em geral e os pássaros morrem, como os peixes morrem, os rituais, os serviços funerários, as pessoas que trabalham nesses serviços, decomposição, as atitudes culturais, os velórios, os preparativos para o enterro, os epitáfios, as lápides, as homenagens aos falecidos, os obituários, etc. Um dia se perguntou sobre a essência da morte. O que significa a morte? Então pensou que a morte significa deixar os amigos e os entes queridos para trás. De repente, teve uma ideia.

Ele foi até a biblioteca para consultar a *Publishers Weekly*, a revista do mundo editorial nos Estados Unidos. Encontrou nela uma seção intitulada "Pessoas em movimento". Descrevia o movimento das pessoas na indústria, como "O editor X da editora A mudou-se para a editora E e se tornou o editor-chefe". Então escreveu uma carta ao editor-chefe da editora A:

> Prezado Editor-chefe:
> O meu manuscrito, no qual o editor X estava tão interessado, foi finalmente concluído. No entanto, não consigo localizar o editor X. Disseram-me que ele não é mais empregado da sua empresa. Se você souber como e onde posso contatá-lo, por favor, passe-me o contato para que eu possa entregar o manuscrito.

Sendo a natureza humana como é, o editor-chefe ficou curioso sobre o manuscrito e o convidou a apresentá-lo pessoalmente, o que ele acabou fazendo. O escritor é agora um autor publicado.

COMBINE OS PROBLEMAS

O laboratório de Thomas Edison era um grande celeiro[10] com mesas de trabalho montadas lado a lado e projetos distintos em andamento. Ele trabalhava em um projeto por um tempo e depois passava para outro. A oficina era projetada de forma a permitir que um projeto influenciasse o outro, e os movimentos realizados aqui também pudessem ser tentados ali. Esse método de trabalho o fazia refletir constantemente sobre a forma de ver seus projetos.

Você pode usar cadernos diferentes para fazer com o tempo o que Edison fazia em seu espaço de trabalho. Trabalhe paralelamente em dois ou mais problemas não relacionados. Quando se deparar com um bloqueio em um problema, passe para o próximo. Quando tiver ideias ou movimentos que funcionem para um problema,

---

[10] Para uma descrição do laboratório de Thomas Edison, veja: THE INVENTION factory: Thomas Edison's Laboratories. **National Park Service**. Disponível em: <https://www.nps.gov/teachers/classrooms/25edison.htm>.

aplique essas ideias, ou outras relacionadas, a outro problema. Por exemplo, se estiver trabalhando no projeto de um novo produto no escritório, e também estiver trabalhando em um projeto para angariar fundos para voluntários do corpo de bombeiros, trabalhe em ambos simultaneamente.

> ## TÉCNICA DO CADÁVER EXÓTICO
>
> Jackson Pollock e outros artistas surrealistas se reuniam em pequenos grupos e se revezavam para eleger qualquer palavra (substantivo, verbo, adjetivo, advérbio) que lhes viesse à mente e que pudesse contribuir com uma frase comum, sem ver o que os anteriores haviam escrito. Em seguida, o grupo organizava as palavras de diferentes maneiras para ver quantas combinações conseguiam criar. A frase resultante se transformava em uma combinação de conceitos que eles estudavam e interpretavam na tentativa de obter um novo entendimento ou um vislumbre de um significado mais profundo. Eles denominaram a técnica de "cadáver exótico" depois de uma frase criada com essa técnica que, por acaso, continha tais palavras.
>
> Experimente essa técnica com um grupo de amigos. Você ficará surpreso com a facilidade com que pode ativar a imaginação criando padrões de pensamentos não convencionais.

Membros do conselho de uma organização dedicada ao tratamento de Alzheimer planejaram um leilão para arrecadar dinheiro para a causa. Imaginaram criar um ambiente elaborado e sofisticado e procuraram itens bem originais que pudessem ser leiloados. Eles experimentaram a técnica do "cadáver exótico" durante uma sessão de exploração de ideias. Os participantes refletiram sobre o que foi discutido, e cada um escreveu silenciosamente em um cartão uma palavra que lhe veio à mente. O grupo, então, combinou as palavras em uma frase.

Algumas das palavras que surgiram foram: "pessoas", "cruzeiros", "criativos, "móveis", "caridade", "designer", "customização", "arte", "instante" e "celebridades". Uma das conexões foi *criar — arte — em um instante*. Isso desencadeou a ideia de oferecer a "sensação do leilão". Eles tinham que vender a ideia de uma obra de arte que ainda não existia. Falaram com um artista conceitual local para descrever uma ideia para uma obra de arte. A ideia era inserida em um envelope e leiloada por 700 dólares. A propriedade legal era indicada por um certificado datilografado, que especificava que a obra de arte (composta de 10 mil linhas de 25,4 centímetros cada, cobrindo uma parede) seria desenhada com um lápis verde. O proprietário teria o direito de reproduzir a peça quantas vezes quisesse.

AUTO-ORGANIZE OS PENSAMENTOS

Os físicos sempre ficaram intrigados com a maneira auto-organizada na qual a natureza produz estados críticos. Um exemplo comum é um monte de areia. Conforme os grãos se acumulam, o monte cresce de maneira previsível, até que, de repente e sem aviso, atinge um ponto crítico e colapsa. Essas avalanches de areia ocorrem espontaneamente, e os tamanhos e horários são impossíveis de serem previstos, por isso, o sistema é considerado auto-organizado como algo que leva a um estado crítico.

Da mesma forma, quando você introduz um assunto aleatório e o combina com um desafio em sua imaginação, pode estimular um pensamento que irá ativar uma única célula cerebral, fazendo que suas vizinhas também sejam ativadas e criando uma cascata de atividade cerebral que pode se propagar por pequenas redes de células cerebrais, muito parecidas com uma avalanche de areia. Quando os pensamentos se acumulam e atingem um ponto crítico, eles se auto-organizam para criar novas ideias.

EXPERIMENTO MENTAL

Suponha que você esteja pensando em como as pessoas conseguem um emprego. Como elas descobrem quais empresas estão contratando e quais cargos estão disponíveis? Digamos que você pegue um jornal e veja um anúncio de um *game show* na televisão. Pense em programas de televisão com *game shows* e crie o máximo de conexões que conseguir entre isso e ajudar alguém a "conseguir um emprego".

Como foi? As pessoas participam de *game shows* na televisão para ganhar prêmios. Uma ideia que pode ter ocorrido é uma rede de busca de emprego on-line que conecta candidatos a um emprego a funcionários corporativos dispostos a recomendá-los para suas empresas em troca de uma taxa. Isso gera uma plataforma de busca de emprego eficaz para as pessoas, e permite que os candidatos publiquem seus perfis e indiquem quanto estão dispostos a pagar por uma recomendação.

Os funcionários da empresa podem procurar perfis compatíveis com as vagas em suas empresas, entrar em contato com os candidatos e pedir currículos para serem enviados juntamente com referências. Já que a maioria dos empregos é obtida por meio de indicações, os candidatos terão mais chances de ser entrevistados para as vagas determinadas. Quando um candidato for entrevistado, ele ou ela deve depositar em garantia o valor da taxa do funcionário que o indicou. Se o candidato conseguir o emprego, essa caução é liberada.

EXPERIMENTO MENTAL

A seguir estão algumas das maneiras mais comuns de usar a aleatoriedade para estimular a imaginação.

Objetos aleatórios. Selecione 20 objetos aleatoriamente. Você pode selecionar qualquer objeto: objetos domésticos, objetos do trabalho ou algum que encontrar ao caminhar pela rua. Ou imagine que você esteja em um museu de ciências tecnológico ou caminhando pela Smithsonian Institution, ou navegando por uma loja de eletrônicos: faça duas listas de dez objetos cada, sendo uma do lado esquerdo do papel e outra do lado direito. Escolha um objeto da esquerda e combine-o com um da direita. Brinque com as combinações até encontrar uma nova combinação promissora, então a refine e a elabore a fim de transformá-la em uma nova invenção.

Exemplo: Uma pessoa combinou molho picante com uma loção bronzeadora instantânea. A combinação a fez lembrar de um sistema de bomba de bronzeamento instantâneo que permite ao usuário escolher a intensidade do bronzeado. Isso inspirou a ideia de um molho picante em spray que o usuário pode graduar de levemente picante até muito ardente ao girar a tampa. Outro exemplo de um novo produto veio da combinação de uma chupeta e um termômetro oral. O termômetro é disfarçado de chupeta com um bico de silicone ortodôntico e emite um sinal sonoro quando a leitura é concluída. Também tem um grande mostrador com um alerta de "febre" para que a informação seja recebida de forma mais rápida.

Se você estiver explorando ideias em grupo, peça a cada pessoa que escreva o nome de um objeto em um *post-it* e cole-o na testa. Em seguida, os participantes circulam próximos uns dos outros para descobrir alguém cujo objeto possa resultar em um novo produto ou invenção quando conceitualmente combinado ao seu.

Uma palavra. Pegue uma palavra, um símbolo ou uma imagem aleatória e escreva-os ou desenhe-os no centro de uma grande folha de papel. Então, usando a palavra ou a imagem como foco central, escreva ao redor quantas associações conseguir fazer em 5 minutos.

Livro aleatório. Sempre que estiver trabalhando em um problema, pegue um livro, qualquer livro que não tenha nenhuma relação com o problema. Leia-o rapidamente, procurando apenas ideias que se relacionem ou sejam paralelas a ele. Se estiver procurando maneiras de economizar energia, poderá realmente encontrar algumas ideias incrivelmente inovadoras em um livro sobre pássaros. Por exemplo, pássaros gastam menos energia quando voam em V; 25 pássaros em linha podem desfrutar de um aumento de 71% durante o voo em formação. Digamos que você tome esse conceito e o aplique aos voos comerciais e militares. Isso inspira a ideia de organizar os voos comerciais a fim de que os aviões se unam em formações em V para voos longos. Atualmente, os engenheiros trabalham nesse conceito utilizando a tecnologia disponível.

Não importa qual seja o tema do livro. Ao lê-lo com um foco em mente, as ideias simplesmente surgirão para servir a esse foco. Li obras de ficção e não ficção dessa forma. Claro que essa ideia não se aplica apenas aos livros ou a trabalhos escritos. Além disso, a maior oportunidade de inovação geralmente vem de fora do âmbito de trabalho.

Brinquedos. Use brinquedos para instigar diferentes padrões de pensamento. Jogar enquanto você pensa torna o pensamento visível. Um gerente de vendas de uma cervejaria incentivou a equipe a construir uma variedade de coisas usando Lego. Alguns construíram estruturas, pontes e faróis, enquanto outros tentaram estabelecer metáforas físicas entre as peças de Lego e a venda de cerveja. Um vendedor construiu um helicóptero e se imaginou voando pelo país vendendo cerveja. Isso inspirou a ideia de uma academia de cerveja que viajou pelo país ensinando funcionários de hotel a servir o chope "perfeito", ideia que a cervejaria pôs em prática. Eles entregaram diplomas para serem pendurados nas paredes dos bares além de outros materiais divertidos. A campanha da academia de cerveja foi a melhor campanha da cervejaria de todos os tempos. O vendedor que teve essa ideia contou que usar o brinquedo para explicá-la metaforicamente o ajudou a se sentir "despreocupado", pois não se importava caso parecesse imbecil.

Coleção aleatória. Monte uma coleção aleatória de cerca de 50 pequenos objetos e coloque-os em uma caixa de papelão ou madeira. Escolha qualquer objeto. O que ele sugere? Guarde na mente essa sugestão, de preferência a primeira ideia. Analise os objetos e conecte essa sugestão a outro objeto. Que nova sugestão o segundo objeto oferece? Conecte essa sugestão com um terceiro objeto e continue assim até que todos os objetos estejam conectados. À medida que conectar os objetos, retire-os da caixa e alinhe-os sobre uma mesa. Repita esse processo três vezes com os mesmos objetos, mas em ordens diferentes, enquanto faz conexões diferentes.

Desenho aleatório. Selecione aleatoriamente uma palavra. Visualize-a. Desmembre-a em sua mente. Em seguida, tente combinar as diferentes partes dessa palavra com o assunto que você tem em mente. Sente-se e relaxe. Assim que se sentir no estado de espírito adequado, feche os olhos e comece a desenhar em uma folha de papel em branco. Mantenha os olhos fechados e simplesmente desenhe. As linhas podem ser rabiscos aleatórios, e você pode usar quantas folhas de papel quiser. Continue desenhando até sentir que terminou. Quando finalmente terminar o desenho, olhe para ele e observe as imagens, os padrões, os objetos, os lugares, as pessoas, as coisas, as palavras ou as ideias. Estabeleça o máximo de associações e conexões possíveis entre o desenho e o assunto.

Exemplo: Uma regata popular atraiu mais de 250 mil espectadores. O espaço publicitário no evento foi vendido a um valor exorbitante. Uma pequena empresa queria anunciar seu site na regata, mas tinha apenas um orçamento limitado para publicidade. Usando a técnica de combinar palavras aleatórias, o presidente escreveu a palavra "emergência". Rabiscando e escrevendo a palavra de maneiras diferentes, estabeleceu uma associação entre a palavra e as pessoas perdidas que pedem ajuda fazendo sinais de SOS para chamar a atenção. Isso inspirou sua ideia.

A empresa contratou estudantes de uma faculdade comunitária local. Depois, o presidente comprou camisetas personalizadas e um apito de treinador. Cada camiseta tinha uma única letra que quase a cobria por inteiro. Os estudantes começaram a andar pelas pessoas ao longo do rio, quando um apito subitamente soou com força. Todos os universitários se alinharam um ao lado do outro, e o alinhamento formou o site da empresa na internet. Eles se transformaram em um outdoor humano.

Depois de alguns minutos, cada membro vestiu uma camiseta escura para cobrir a letra e desaparecer no meio da multidão. Algum tempo depois, o apito soou novamente, e o outdoor humano se formou em um local diferente. A promoção foi um grande sucesso.

Combinando ideias. Reúna todas as ideias e organize-as em duas colunas: A e B. Liste-as no papel ou escreva-as em cartões, então separe as ideias em dois montes ou cole-as na parede em duas colunas. Conecte aleatoriamente uma ideia da coluna A com uma ideia da coluna B. Tente combinar as duas ideias em uma única. Veja quantas combinações viáveis você consegue fazer.

Combinando o hemisfério direito com o hemisfério esquerdo do cérebro. Divida um grupo em duas equipes. Peça para uma equipe apresentar as ideias mais imaginativas que surgirem. Peça para a outra equipe apresentar ideias práticas e lógicas. Então, faça duas colunas, uma para as ideias provenientes do hemisfério esquerdo e outra do hemisfério direito. Conecte aleatoriamente as ideias.

Combinando elementos fixos e aleatórios. Escolha um elemento específico de um problema e denomine-o "elemento fixo". Agora selecione um estímulo aleatório usando qualquer método escolhido e encontre formas de associação livre para combinar esses dois elementos. Você pode aplicá-los diretamente ao problema ou usar a combinação de dois elementos para criar ideias adicionais. Então, selecione um novo estímulo aleatório, repita o processo com o mesmo "elemento fixo" e, após repetir diversas vezes, escolha um novo elemento fixo e repita o processo.

Exemplo: Um projetista que trabalhou por um tempo na conservação de energia em postes de iluminação pelas ruas da cidade decidiu que um de seus elementos fixos no problema era "diminuir a intensidade". Ele considerou maneiras de diminuir a intensidade da iluminação e quando deveria fazê-lo. Então, selecionou aleatoriamente a palavra "Lua". A combinação era "diminuir a intensidade da luz da Lua". Isso inspirou a ideia de ajustar o nível de intensidade de luz dos postes de luz de acordo com as fases da Lua. Os postes de luz que ele projetou tinham sensores embutidos, sensíveis o suficiente para detectar o brilho da Lua e diminuir a intensidade da luz em conformidade.

Integrando ideias. SIL é um acrônimo alemão que significa "integração sucessiva de elementos do problema", e é um processo desenvolvido pelo Battelle Institute de Frankfurt, Alemanha. O processo envolve, primeiramente, gerar ideias de forma individual e em silêncio com respeito a um problema estudado anteriormente. Este método difere dos demais porque as ideias são geradas pela integração de ideias anteriores.

1. Os membros de um grupo escrevem as ideias individualmente e em silêncio.
2. Dois membros do grupo leem suas ideias em voz alta.
3. Os demais membros tentam integrar as ideias em uma só.
4. Um terceiro membro lê uma ideia, e o grupo tenta integrá-la com a ideia criada no passo 3.
5. O processo de leitura e integração de ideias continua até que todas as ideias tenham sido lidas e integradas em uma solução final.

Exemplo: Um grupo de químicos de alimentos em Taiwan explorou várias ideias relacionadas à refrigeração de alimentos. Eles integraram as ideias o máximo possível e decidiram desenvolver uma nova tinta que desbota paulatinamente do vermelho para o laranja, o bege e o transparente na presença do oxigênio. Variar a espessura da película de tinta sobre o rótulo dos alimentos permite programar diferentes datas de fabricação e de validade.

Três ideias. Uma equipe de instrutores corporativos que desenvolvem oficinas de pensamento criativo projetaram o seguinte exercício para maximizar a curiosidade e encorajar a integração cognitiva de ideias.

Cada participante do exercício escreve seis ideias em cartões, uma ideia por cartão. Os cartões são recolhidos e embaralhados. O facilitador do grupo entrega três cartões a cada participante (que não sejam os seus cartões). Os cartões restantes são deixados virados para cima na frente da sala. Cada participante pode trocar os cartões com esses que não foram usados. Depois, todos circulam pela sala e devem trocar pelo menos um cartão com outra pessoa.

> O grupo agora é dividido em equipes. Cada equipe classifica os cartões e seleciona três ideias finalistas. Os participantes podem substituir qualquer uma das três ideias por outras novas que surgirem. Ao final, cada equipe prepara uma apresentação criativa destinada a vender as três ideias ao grupo maior.

APRENDA A VER

A percepção é um processo ativo, não passivo. Catalisa a criatividade examinando o assunto de muitas perspectivas diferentes. A cada nova perspectiva, a compreensão se aprofunda e as possibilidades criativas se expandem. Leonardo da Vinci chamou essa estratégia de *saper vedere*, que significa "saber ver".

No capítulo seguinte, apresento ferramentas e técnicas projetadas para mudar sua maneira de ver as coisas.

Modifique a maneira de ver as coisas, e as coisas que você vê serão modificadas

VEMOS AS COISAS COMO SÃO OU COMO SOMOS?

As duas imagens a seguir ilustram os lados da raiva e da calma no caráter humano. Agora, erga o livro para cima e tome distância da ilustração. Esse efeito funcionará em distâncias diferentes para pessoas diferentes, mas será possível ver as duas personagens trocando de lugar. Conforme você voltar a se aproximar da imagem novamente, as expressões iniciais retornarão.

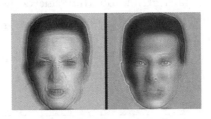

Raiva e calma.

Pensamento criativo

Esse fenômeno é explicado no trabalho da dra. Aude Oliva, do MIT. Quando olhamos para um objeto, normalmente vemos tanto os detalhes mais pormenorizados quanto os mais gerais. No entanto, quando nos aproximamos, os pormenores predominam, e, quando nos afastamos, perdemos os pormenores e prestamos mais atenção nos aspectos gerais. Ao mudar a forma de olharmos para as ilustrações, elas também mudam.

A maioria das pessoas pensa na percepção como um processo passivo.[1] Achamos que vemos, ouvimos, cheiramos, provamos ou sentimos estímulos que entram em contato com os nossos sentidos. Pensamos que registramos o que realmente está ali. No entanto, os cientistas e os psicólogos provaram que a percepção é comprovadamente um processo ativo, não passivo; ela constrói em vez de registrar a "realidade".

É você quem constrói como escolhe ver os rostos.

O que é o local conhecido como Grand Canyon? Um padre, ao visitar o Grand Canyon, poderia descrevê-lo como um magnífico exemplo de obra de Deus na terra. Um vaqueiro diria ter visto o desfiladeiro como um péssimo lugar para pastorear o gado. Um artista poderia vê-lo como uma paisagem maravilhosa para pintar. Um geólogo consideraria um lugar perfeito para estudar formações rochosas. Um alpinista o veria como um tremendo desafio pessoal. Um antropólogo poderia percebê-lo como um tesouro oculto de artefatos de civilizações antigas. Um dublê destemido poderia vê-lo como o cenário para a maior proeza de todos os tempos: um salto sobre o desfiladeiro em uma motocicleta a jato. Um empreendedor poderia enxergar uma grande oportunidade de negócios: ele se imaginaria adquirindo terrenos e construindo hotéis, restaurantes e baladas para turistas. Um professor do ensino fundamental poderia imaginar o lugar como uma sala de aula ao ar livre para ensinar sobre a natureza e o meio ambiente.

---

[1] <https://www.cia.gov/library/center-for-the-study-of-intelligence/csi-publications/books-and-monographs/psychology-of-intelligence-analysis/art5.html>. [Link consultado pelo autor não disponível na data de publicação desta obra. (N.E.)]

Como podemos notar, a percepção do observador depende do ponto de vista dele. Isso não quer dizer que as experiências sejam totalmente diferentes. Seria mais preciso dizer que elas apresentam aspectos diferentes das coisas. A visão de um hindu sobre uma vaca não corresponde absolutamente à de um frigorífico ou à de um fazendeiro, e, em Istambul, os porcos são mantidos em zoológicos em vez de serem transformados em salsichas.

Construímos a nossa própria realidade. Até as cores são produtos da nossa mente. Vincent van Gogh disse ao irmão que conseguia ver 27 tons diferentes de cinza. Quem sabe se o meu vermelho é igual ao seu? Mesmo se pedissem aos dois mais ilustres especialistas em cores do mundo para vestir o Papai Noel, e a um deles pedissem que escolhesse o casaco e ao outro as calças, pode ter certeza de que a parte de cima não combinaria totalmente com a parte de baixo.

Uma história muito conhecida sobre Pablo Picasso remete a uma ocasião em que ele estava expondo em Paris e foi abordado por um homem que lhe perguntou por que não pintava as pessoas como de fato são. "Como são de fato?", perguntou Picasso. O homem pegou uma fotografia da esposa na carteira e mostrou para Picasso, que olhou para a foto e disse: "É muito pequena, não é? E plana". Temos que aceitar o fato de que boa parte daquilo que nos parece real é governado pelas nossas próprias percepções.

NÃO VEMOS MAIS DO QUE ESPERAMOS VER

As nossas ideias estereotipadas bloqueiam a visão clara e bloqueiam a imaginação. Isso acontece sem que nenhum alarme soe, então nunca percebemos quando ocorre. Há pouco tempo, em uma estação de metrô em Washington, DC, um homem começou a tocar violino.[2] Era uma manhã fria de janeiro. Ele executou seis peças de Bach

---

[2] Essa história sobre a atuação de Joshua Bell vem de WEINGARTEN, Gene. Pearls before breakfast. **Washington Post**, 8 abr. 2007. Disponível em: <www.washingtonpost.com/wp-dyn/content/article/2007/04/04/AR2007040401721.html>. Acesso em: 27 set. 2022.

por cerca de 45 minutos. Como era horário de pico, milhares de pessoas passaram pela estação.

Um homem parou por alguns segundos e depois voltou a seguir o caminho apressadamente. Um pouco mais tarde, uma mulher jogou um dólar na caixa e, sem parar, continuou o caminho. A pessoa que prestou mais atenção foi um menino de 3 anos. Finalmente, a mãe deu um puxão com força nele e a criança voltou a andar, virando a cabeça para continuar olhando para o músico. Diversas crianças fizeram a mesma coisa. Nos 45 minutos em que o músico tocou, parecia que apenas as crianças queriam parar para ouvi-lo.

Quando ele terminou de tocar e o silêncio foi restabelecido, ninguém se deu conta. Ninguém aplaudiu nem pareceu haver algum outro tipo de reconhecimento. Ninguém soube disso na ocasião, mas o violinista era Joshua Bell, um músico de renome mundial, que estava tocando uma das peças mais elaboradas e complexas já escritas e usava um violino avaliado em 3,5 milhões de dólares. Dois dias antes da apresentação no metrô, Joshua Bell esgotou as entradas de um teatro em Boston com ingressos vendidos por mais de 100 dólares.

Esse evento, com Joshua Bell tocando incógnito na estação de metrô, foi organizado pelo *Washington Post* como parte de um experimento social. Como ele estava tocando em uma estação de metrô, as pessoas supunham que fosse um músico de rua que tocava em troca de esmolas e não prestaram atenção na música. Viram e ouviram o que esperavam ver e ouvir de um músico de rua.

Sinal positivo com o polegar para as crianças que reconheceram que estavam ouvindo música extraordinária.

Fazemos julgamentos instantâneos diariamente, todos baseados no que vemos e ouvimos, o que em geral está emoldurado pelas nossas experiências passadas. Por exemplo, você notou algo incomum na ilustração anterior? (Veja a resposta ao final do capítulo.)

O mesmo ocorre com a resolução de problemas de matemática. A nossa primeira abordagem é geralmente resolvê-los como fomos ensinados. Por exemplo, calcule a soma dos seguintes números: 398, 395, 396, 399. Se você somar mentalmente, da forma convencional, ficará muito difícil. Consegue pensar em outra abordagem mais fácil?

Observe que todos os números estão próximos de 400. Você pode reformular o problema de maneira diferente, usando a subtração: "400 menos 2", "400 menos 5", "400 menos 4" e "400 menos 1". Agora, em um piscar de olhos, verá que o total é 1.600 menos 12, o que equivale a 1.588. Quando você enxergar o problema de outra maneira e conseguir reformulá-lo, ficará mais fácil obter a resposta.

MUDANDO A MANEIRA DE VER AS COISAS

Sempre fui fascinado pela facilidade com que podemos mudar a maneira de ver as coisas. O que tornou famoso o psicólogo Sigmund Freud não foi a descoberta de uma nova ciência sobre o subconsciente, mas a representação inovadora do assunto. Freud reformulou algo para transformar o significado, isto é, para caracterizá-lo em uma estrutura ou contexto diferente daquele que existia anteriormente. Por exemplo, ao ressignificar o inconsciente como uma parte do eu infantil, Freud ajudou os pacientes a estabelecerem uma nova maneira de pensar e a reagirem ao próprio comportamento, mudando a forma pela qual eles mesmos se viam.

Os psicólogos Ap Dijksterhuis e Ad van Knippenberg[3] da Universidade de Nijmegen, na Holanda, pediram à metade de um

---

[3] Veja em: PROF. Dr. A. Dijksterhuis. In: Radboud University Nijmegen website. Disponível em: <www.ru.nl/socialpsychology/faculty/prof_dr_ap/>; e também em: APPLIED quirkology. **The Situationist**, 12 maio 2007. Disponível em: <http://thesituationist.wordpress.com/2007/05/12/>. Acessos em: 27 set. 2022.

grupo de voluntários que realizasse um simples exercício mental em que teriam que se imaginar no mindset (mentalidade) de um típico professor universitário. A outra metade teria que se imaginar no mindset de um torcedor de futebol fanático. Em seguida, todos tinham que responder a algumas perguntas de conhecimentos gerais. O grupo que imaginou ser professor acertou 60% das perguntas; já o grupo de torcedores fanáticos obteve apenas 46%.

Concentrando-se no corpo em vez de na mente,[4] John Bargh e os colegas da Universidade de Nova Iorque pediram aos voluntários que realizassem uma tarefa mental envolvendo palavras relacionadas à velhice, como "enrugado", "grisalho" e "bingo". A um segundo grupo, mostraram palavras não relacionadas à velhice. Em seguida, os pesquisadores disseram que o experimento havia terminado e gravaram secretamente o tempo que cada participante levou para caminhar pelo longo corredor até a saída. Os que tinham a velhice em mente levaram muito mais tempo para andar pelo corredor. Esse experimento parece provar que apenas alguns momentos de reflexão podem deixar a pessoa predisposta a um desempenho melhor ou pior do que o normal em tarefas mentais e físicas.

Como ilustra o experimento a seguir, é possível até diminuir a dor mudando a maneira de olhar para ela.

EXPERIMENTO MENTAL

Pesquisadores da Universidade de Oxford descobriram uma maneira de usar binóculos invertidos para reduzir a dor e o inchaço das feridas. Curiosamente, quando olhamos para um ferimento pelo lado contrário de um par de binóculos, a percepção da ferida fica muito menor. Essa percepção atua como analgésico e diminui a dor. Segundo os pesquisadores, isso demonstra que mesmo as sensações corporais básicas são moduladas pela percepção.

Faça isso como experimento. Quando se deparar com uma tarefa indesejada, como remover a neve, podar uma cerca viva, capinar o

---

[4] De Applied quirkology. **The Situationist**, 12 maio 2007. Disponível em: <http://thesituationist.wordpress.com/2007/05/12/>. Acesso em: 27 set. 2022.

jardim ou lavar as panelas e frigideiras depois de uma grande festa, observe-a pelo lado contrário dos binóculos. Você ficará surpreso com a forma pela qual a percepção mudará ao olhar para a tarefa de uma maneira diferente. Quando você modificar a maneira de ver as coisas, as coisas que você vê serão modificadas.

PRIMEIRAS IMPRESSÕES

Uma das muitas maneiras pelas quais a mente tenta facilitar a nossa vida é usando a primeira impressão de um problema para resolvê-lo. Essa primeira impressão ancora o nosso processo mental e influencia o nosso pensamento. Veja um experimento mental que demonstra a força desse efeito de ancoragem.

EXPERIMENTO MENTAL

Observe um conjunto de números. Peça a alguém que estime, sem calcular exatamente, e diga o resultado dessas operações em 5 segundos.

A.
8 x 7 x 6 x 5 x 4 x 3 x 2 x 1

Observe outro conjunto de números. Agora encontre outra pessoa e peça a ela que estime a resposta para a versão B em 5 segundos.

B.
1 x 2 x 3 x 4 x 5 x 6 x 7 x 8

Você descobrirá que a segunda pessoa dará uma resposta menor do que a primeira, e ambas darão números bem abaixo da resposta real (que é 40.320).

O que acontece é que o primeiro número da série influencia o pensamento. Esse número ancora o processo de pensamento e influencia de forma indevida a estimativa. A primeira série começa com um número de ancoragem mais alta (8). Quando os pesquisadores realizaram um experimento usando esses dois cálculos, a estimativa média para a primeira série foi de 3.200 em comparação a apenas 300 para a segunda. Ambas as estimativas estão bem abaixo da resposta correta, porque ambas as séries são compostas de números pequenos, e isso distorce as estimativas das pessoas, fazendo que fiquem muito abaixo da resposta verdadeira.

Pensamento criativo

Na verdade, é possível influenciar o raciocínio de uma pessoa apresentando uma ancoragem que não tem nada a ver com o problema. Pergunte a uma pessoa os últimos três dígitos do número de telefone dela. Adicione 400 a este número e então pergunte: "Você acha que Átila, o Huno, foi derrotado na Europa antes ou depois de X?" (X é o ano que obteve ao adicionar 400 ao número de telefone.) Não diga à pessoa se ela acertou (Átila foi derrotado em 451 d.C.), e então pergunte: "Em que ano você acha que Átila, o Huno, foi derrotado?". As respostas obtidas irão variar de acordo com o número inicial obtido adicionando 400 ao número de telefone da pessoa.

Consciente ou inconscientemente, estamos ancorados nas nossas primeiras impressões, a menos que alteremos ativamente a maneira de examinarmos um assunto.

Chester Carlson inventou a xerografia em 1938. Ele tentou vender a copiadora eletrônica para todas as grandes corporações dos Estados Unidos e foi rejeitado enfaticamente por todas elas. Como o papel-carbono era tão barato e abundante, diziam que ninguém compraria uma copiadora cara. O processo de pensamento estava ancorado na primeira impressão do custo de uma copiadora comparado ao custo do papel-carbono. Essa impressão fechava todas as demais linhas de pensamento. Foi a Xerox, uma corporação nova, que mudou a percepção de custo ao alugar as máquinas.

POSIÇÕES PERCEPTIVAS

Imagine que você esteja a caminho para assistir a uma peça da Broadway com um par de ingressos que custam 100 dólares e descobre que os perdeu. Você estaria disposto a pagar outros 100 dólares? Agora imagine outro cenário em que você está indo ao teatro para comprar os ingressos. Ao chegar, percebe que perdeu 100 dólares em dinheiro. Você compraria os ingressos para a peça? Claramente, de uma base objetiva, as duas situações são idênticas porque em ambas 100 dólares foram perdidos.

No entanto, a maioria das pessoas relata que seria mais provável comprar os ingressos se tivessem perdido o dinheiro do que se tivessem perdido os ingressos. A mesma perda é vista de forma diferente tendo em vista duas perspectivas distintas. A perda do dinheiro tem um efeito comparativamente menor do que a compra dos ingressos. Por outro lado, o custo dos ingressos perdidos é visto como "não assistir ao teatro" e resulta na relutância em aceitar pagar a peça em duplicidade.

A nossa perspectiva determina como vemos as coisas. A atriz Shelley Winters disse em uma ocasião: "Acho que no palco a nudez é nojenta, vergonhosa e nociva ao estilo de vida americano. Contudo, se eu tivesse 22 anos com um corpo escultural, seria algo artístico, de bom gosto, patriótico e uma experiência religiosa e progressiva".

Uma maneira de mudar a percepção é tentar observar o assunto da perspectiva de outra pessoa. Søren Kierkegaard, filósofo dinamarquês do século 19, chamou essa forma de pensar de "método de rotação". Ele estava pensando em colheitas e em perspectiva ao mesmo tempo. Não é possível plantar milho indefinidamente no mesmo campo; em algum ponto, para renovar o solo, é preciso plantar feno. Da mesma forma, para desenvolver uma perspectiva distinta, é conveniente adotar um papel diferente a fim de expandir a consciência criativa.

Com um pouco de reflexão, todos podemos encontrar maneiras fáceis de mudar as nossas perspectivas adotando papéis diferentes. O proprietário de uma academia estava tentando encontrar maneiras inovadoras de captar clientes. Adotou papéis diferentes, incluindo o de uma juíza, de Rosie O'Donnell,[5] de um comediante e de Pablo Picasso. Este o fez pensar em artistas e no trabalho que fazem, e isso lhe inspirou uma ideia. Ele contratou um caricaturista *freelancer* para se sentar na frente da academia com uma placa que oferecia "caricaturas grátis em 5 minutos". O artista fazia uma caricatura da pessoa com um corpo bem desenvolvido e com o desenho da academia em destaque no fundo. A pessoa também recebia um folheto e um cartão de visita. A academia cresceu substancialmente quase da noite para o dia.

---

[5] Atriz e humorista norte-americana. [N.R.]

Pensamento criativo

EXPERIMENTO MENTAL

Um hospital está repleto de perigos para a saúde,[6] incluindo inúmeras infecções, diagnósticos errados, dosagens de medicamentos equivocadas e outras complicações advindas do erro humano. Em um hospital, o erro humano parece inevitável. Como pode um indivíduo, ou uma equipe de indivíduos, realizar todas as tarefas e prever todas as eventualidades 100% do tempo?

Imagine que você foi contratado por um hospital para desenvolver ideias para minimizar erros. Assuma o papel de qualquer um dos seguintes profissionais:

Padre
Piloto de avião
Diretor de prisão
Diretor de ensino médio
Treinador de futebol

Como foi a experiência?

O dr. Peter Pronovost,[7] especialista em cuidados intensivos do centro médico Johns Hopkins, em Baltimore, assumiu a perspectiva de um piloto de avião. Tomou emprestado o conceito da checklist ("lista de verificação") que os pilotos utilizam antes de decolar. Como experimento, usou a estratégia da lista para atacar um dos problemas mais comuns na unidade de terapia intensiva: infecções em pacientes por via intravenosa. A lista de verificação elencava uma série de passos óbvios que deveriam ser seguidos, mas que muitas vezes eram esquecidos.

A lista de verificação foi entregue aos enfermeiros da unidade de terapia intensiva e, com o apoio dos administradores do hospital, Pronovost pediu aos enfermeiros que revisassem cada passo da lista

---

[6] <http://www.nytimes.com/2009/12/24/books/24book.html?_r=1>. [Link consultado pelo autor não disponível na data de publicação desta obra. (N.E.)]

[7] A história do experimento de Peter Pronovost vem de Henig, Robin Marantz. A hospital how-to guide that mother would love. **The New York Times**, 23 dez. 2009. Disponível em: <http://www.nytimes.com/2009/12/24/books/24book.html?_r=1>. Para mais informações sobre o dr. Pronovost, veja <www.hopkinsmedicine.org/anesthesiology/Headlines/news_20080502_pronovost.cfm>. Acessos em: 27 set. 2022.

toda vez que um médico inserisse uma via intravenosa em um paciente e chamassem a atenção dos médicos que não cumprissem o protocolo. Se os médicos não seguissem todos os passos, os enfermeiros tinham a permissão da área de administração para intervir. Os enfermeiros foram rigorosos, os médicos cumpriram os protocolos, e, dentro de um ano, a taxa de infecção por via intravenosa na unidade intensiva do Johns Hopkins caiu de 11% para zero.

MULTIPLICIDADE DE PERSPECTIVAS

Leonardo da Vinci acreditava que, para saber como solucionar um problema, era preciso começar a aprender a reestruturá-lo a fim de observá-lo de maneiras diversas. Ele sentia que a primeira maneira de olhar o problema era muito tendenciosa. Dessa forma, reestruturava o problema olhando para ele de uma perspectiva, depois, passando para outra perspectiva, e então, outra. A cada mudança, a compreensão se aprofundava e ele começava a reconhecer a essência do problema. Como mencionei no final do capítulo anterior, Leonardo dava a essa estratégia de pensamento o nome de *saper vedere*, ou "saber ver".

Imagine três artistas que não tenham nada em comum, mas que estão pintando um quadro do mesmo cachorro. Cada quadro é pintado com perspectiva e estilo diferentes, mas cada um capta certos aspectos sobre a essência do cão. Quando você sintetiza os três quadros, sente uma nova consciência e uma compreensão mais profunda dos cães.

Como você descreve a seguinte ilustração?

O significado dos 17 triângulos dispostos com certa regularidade depende de como são agrupados em sua mente e de como você os vê. Não olhe para eles passivamente, mas sinta a necessidade de dar a eles algum tipo de significado e de agrupá-los dentro de uma estrutura complexa. A maioria das pessoas os vê como dois grupos de oito triângulos com um no meio. Um grupo aponta para o canto inferior esquerdo, e o outro, para a direita. O que está no centro pode pertencer a qualquer grupo, porque aponta para qualquer uma das direções. No entanto, é possível agrupar os triângulos de maneiras diferentes. É possível visualizá-los todos apontando para a direita ou todos apontando para o canto inferior esquerdo. Na verdade, há uma infinidade de maneiras diferentes de visualizá-los.

Isso ilustra que a percepção é um processo construtivo e ativo, e não se limita a um registro passivo das informações. Também mostra que cada ato de percepção é uma experiência subjetiva e pessoal.

A maneira de ver os triângulos depende do seu ponto de vista. Na física, Albert Einstein propôs que a distinção entre matéria e energia depende do ponto de vista. O que é onda de um ponto de vista é partícula de outro; o que é campo em um experimento é trajetória em outro.

É óbvio que pode ser visto como um B ou como o número 13. A imagem ambígua foi apresentada pelo psicólogo social David Dunning, da Universidade de Cornell, a um grupo de voluntários que estava participando de um jogo de computador. O jogo supostamente determinava se o os voluntários conseguiriam receber um copo de suco de laranja espremido na hora ou uma vitamina de sabor ruim. Os voluntários que foram informados de que uma letra lhes daria o suco de laranja viram um B, e os que foram informados de que teriam que ver um número para conseguir o suco viram um 13.

Experimentos psicológicos como esse sugerem que o nosso cérebro interpreta o mundo e que os nossos pensamentos influenciam o que vemos. Antes mesmo de vermos o mundo, o cérebro já o interpretou para se alinhar com o que queremos ver e bloquear o que não queremos ver. Segundo alguns especialistas, essa é a razão pela qual especialistas em qualquer campo são sempre tendenciosos em relação às próprias teorias e crenças. Eles veem o que querem ver. Para reduzir o preconceito do pensamento, sempre olhe para as coisas de muitas maneiras diferentes.

Quando você usa uma multiplicidade de perspectivas, traz à tona uma nova consciência criativa e expande as possibilidades. Isso é o que permitiu a Einstein formular a teoria da relatividade, que, em essência, é uma descrição da interação entre diferentes perspectivas. Sua genialidade estava em propor uma perspectiva que ninguém havia adotado previamente.

Psicólogos e educadores conduziram muitos experimentos ilustrando que a multiplicidade de perspectivas abre a consciência e a criatividade. Em alguns experimentos em andamento, os pesquisadores atribuíram capítulos sobre determinados assuntos (por exemplo, a passagem do ato de Kansas-Nebraska)[8] para dois grupos. Um grupo é convidado a ler a passagem de múltiplas perspectivas, a do grupo e a dos participantes do ato, e a se perguntar o que esses

---

[8] Um ato do Congresso dos Estados Unidos, aprovado em 1854, que organizava o terreno remanescente da compra da Louisiana para a colonização antes de sua entrada à União, atribuindo aos colonos o direito de decidir sobre a legalidade da escravatura. [N.R.]

participantes devem ter sentido ou pensado naquele momento. Outro grupo foi instruído simplesmente a tomar conhecimento do texto da passagem. Invariavelmente, quando os grupos foram submetidos a um teste, o que estudou a passagem usando múltiplas perspectivas obteve resultado melhor do que o outro grupo, que usou métodos de aprendizagem "tradicionais" em termos de informações retidas, conteúdo em textos escritos e soluções criativas propostas.

EXPERIMENTO MENTAL

Uma faculdade deve reduzir a necessidade de estacionamento no campus por causa da falta de espaço. Olhe para o problema de diferentes pontos de vista: o da administração, o dos alunos, o dos pais, o do corpo docente e o da comunidade. Depois, considere também a crise de energia. Em seguida, sintetize os diferentes pontos de vista em uma ideia para reduzir a necessidade de estacionamento.

Recentemente, a administração da Faculdade Ripon,[9] em Wisconsin, enfrentou um problema de estacionamento semelhante. Os administradores examinaram o problema do ponto de vista dos alunos, dos pais, do corpo docente, da administração e da comunidade, e também consideraram a crise energética. Sintetizaram todos os diferentes pontos de vista e tiveram a ideia de um novo programa de "bicicletas gratuitas".

Cerca de 200 *mountain bikes* de *trekking*, capacetes e cadeados foram comprados e entregues aos calouros que se inscreveram no programa. O dr. David Joyce, reitor da universidade, disse que as diferentes perspectivas lhes deram a oportunidade de criar uma solução muito mais completa para o problema do estacionamento. O programa de bicicletas mudou a cultura de transporte

---

[9] Veja em: Ripon College bike program entices new students to 'just say no' — to cars. In: Ripon College website, comunicação de imprensa, 12 fev. 2008. Disponível em: <www.ripon.edu/news/2007-08/velorution_021208.html>. [Link consultado pelo autor não disponível na data de publicação desta obra. (N.E.)]

da universidade. O programa tem sido um grande sucesso, e outras faculdades e universidades começaram a imitá-lo.

Em outro exemplo, engenheiros rodoviários estavam tentando criar ideias para tornar as estradas mais seguras para os motoristas, especialmente em condições de gelo. Analisaram o problema do ponto de vista dos motoristas, dos fabricantes de automóveis, dos empreiteiros de estradas, do serviço de manutenção de estradas, do serviço de meteorologia e da patrulha rodoviária.

As perspectivas dos meteorologistas os fizeram pensar em mudanças sazonais, como chuva na primavera, sol no verão, queda de folhas no outono e gelo e neve no inverno. Eles ficaram intrigados com a observação de que a mudança de cor das folhas alerta para a chegada do mau tempo. Por que não mudar as estradas de cor para alertar sobre intempéries?

Pesquisando as possibilidades, os engenheiros descobriram um

> [...] verniz feito de um polímero[10] contendo um pigmento termocromático. O mesmo tipo de revestimento é usado para produzir os termômetros de banho e as embalagens dos alimentos congelados que respondem às mudanças de temperatura. O verniz, normalmente transparente, fica rosa quando as temperaturas caem abaixo de zero. Quando a temperatura sobe acima do ponto de congelamento, o revestimento se torna incolor novamente.

A solução implementada foi a aplicação de faixas de verniz nas estradas. As listras ficam rosa quando o tempo está próximo ao congelamento e tornam-se incolores quando a temperatura está acima de zero.

Em outro exemplo, um grupo de artistas intitulados futuristas, influenciados pelo artista francês Paul Cézanne e por sua obra, criaram uma nova linha de investigação artística baseada na incorporação

---

[10] DUMÉ, Belle. Intelligent paint turns roads pink in icy conditions. **New Scientist**, 4 abr. 2008. Disponível em: <http://www.newscientist.com/article/dn13592-intelligent-paint-turns-roads-pink-in-icy-conditions.html?feedId=online-news_rss20varnish%20made%20of%20a%20polymer%20 containing%20a%20thermochromic>. Acesso em: 28 set. 2022.

de múltiplas perspectivas. Os futuristas colaboraram em uma obra, e cada artista fez a sua parte em momentos diferentes. Quando o quadro estava terminado, não sabiam dizer quem tinha pintado o quê.

O resultado foi um produto notável que refletia a combinação de pontos de vista distintos, levando a algo diferente. A colaboração ao longo do tempo cria uma compreensão diferente sobre um assunto.

E SE VOCÊ FOSSE UMA GARRAFA DE KETCHUP OU UM SALEIRO?

Muitas vezes, a chave para os insights e as ideias mais importantes pode ser encontrada quando mudamos metaforicamente os marcos referenciais. Charles Darwin, por exemplo, pensava na evolução como uma árvore ramificada na qual ele poderia traçar a origem e o destino de várias espécies.

Niels Bohr, o pai da mecânica quântica, comentou que, certo dia, estava olhando para um amigo que tinha feito algo errado e percebeu que não podia olhar para ele na "luz do amor" e na "luz da justiça" simultaneamente. Eram pontos de vista totalmente incompatíveis. Pensando metaforicamente, passou então a especular que aquilo deveria ter alguma analogia na física, algo que diz que não se pode olhar para a mesma coisa de duas perspectivas diferentes simultaneamente. Tal compreensão tornou-se a base para a descoberta do "princípio da complementaridade".

Às vezes é divertido pensar nas pessoas metaforicamente. Por exemplo, muitas pessoas acreditam que a genética, a família, a educação e o meio ambiente determinam seu destino. Elas não acreditam que a mudança seja possível e levam o que Henry David Thoreau chamou de "vidas de silencioso desespero".

Penso nessas pessoas como poças de lama. Imagine uma poça de lama acordando certa manhã e pensando: "Este é um mundo interessante. Estou neste buraco e acho que ele se encaixa perfeitamente em mim. Na verdade, sinto-me tão bem que ele deve ter sido feito

MODIFIQUE A MANEIRA DE VER AS COISAS, E AS COISAS QUE VOCÊ VÊ SERÃO MODIFICADAS

para que eu fique aqui. Está tudo bem e não há necessidade de me preocupar em mudar nada". Todos os dias, quando o sol nasce no céu, o ar aquece e a poça fica cada vez menor. No entanto, a poça freneticamente se apega à noção de que tudo vai ficar bem, porque acredita que o mundo foi feito para mantê-la ali. O momento em que desaparece a pega de surpresa.

Mais uma vez, a chave para os insights e para as ideias mais importantes de uma pessoa muitas vezes pode ser encontrada quando ela muda metaforicamente o marco referencial. Para ver como é fácil fazer isso, experimente o exercício a seguir e veja se consegue descobrir algum traço ou característica nova sobre si mesmo.

Qual dos dois objetos a seguir, um saleiro ou uma garrafa de ketchup, representa metaforicamente como você é e como espera ser? Qual deles reflete tudo, sua fraqueza e sua felicidade, sua capacidade de vulnerabilidade e sua força? Esqueça as suas preferências, ou se um dos objetos é mais bem projetado do que o outro, ou se um tem uma estética mais agradável que o outro. Simplesmente olhe e olhe, até que fique claro qual deles representa de forma mais fiel como você é e como quer ser. Se você tivesse que renascer como uma dessas duas coisas, qual preferiria ser?

Há outro experimento mental neste capítulo que remonta a mais de quinhentos anos.

EXPERIMENTO MENTAL

Este experimento se baseia em uma ideia sugerida por Santo Inácio de Loyola. Ele recomendou usar a imaginação a fim de olhar para a vida em retrospecto no leito de morte como base para uma tomada de decisão no presente.

Comece relaxando em um ambiente calmo e tranquilo. Então, imagine a sua infância. Pense em quando você era uma criança pequena e indefesa nascida em determinado ambiente.

Imagine que você tem agora 5 anos de idade. Como é ter 5 anos? É possível evocar imagens e lembranças dessa época?

Depois de alguns minutos, projete a sua imaginação para quando você tinha 12 anos. Sentia preocupação? O que era importante para você? Como era o seu mundo? Quais eram as suas ambições? Como eram os seus amigos? Usando o mesmo método de pensamento, faça a si próprio essas mesmas perguntas para as idades de 25, 40 e 65 anos.

Imagine ser muito, muito velho. Imagine-se olhando no espelho. O que você vê? Como se sente? Quem você é? Faça uma retrospectiva de toda a sua vida. O que realmente importava? O que você teria feito de maneira diferente? Está pronto para morrer?

Imagine a sua morte. Quais são os seus pensamentos ao se imaginar moribundo? Imagine os seus amigos e parentes mais próximos: o que eles pensam sobre você? Como se lembrarão de você?

Imagine agora que você irá renascer. Feche os olhos. Você pode renascer em qualquer lugar, a qualquer hora, como qualquer coisa que desejar. Quais seriam as suas escolhas? Quando você se sentir pronto para abrir os olhos, observe o entorno gradualmente, como se estivesse vendo tudo pela primeira vez.

No capítulo seguinte, mostrarei como você pode mudar a forma de ver as coisas invertendo a perspectiva e sintetizando polos opostos e ideias contraditórias.

Chave de resposta: A mão na ilustração tem apenas quatro dedos.

8
Tique-toque ou toque-tique?

A AUSÊNCIA DE EVIDÊNCIA É REALMENTE A EVIDÊNCIA DE AUSÊNCIA?

A capacidade de imaginar que ideias ou imagens opostas, ou contraditórias, existem simultaneamente em uma combinação conceitual suspende o pensamento, permitindo que uma inteligência situada mais adiante atue e crie um novo formato. O turbilhão de opostos cria as condições para que um novo ponto de vista borbulhe de forma livre na mente. Imagine, se quiser, que o seu animal de estimação existe e não existe ao mesmo tempo. Ou então, que tal imaginar a sua mãe existindo como uma mulher jovem e velha ao mesmo tempo?

Na página seguinte, há uma imagem bem conhecida de uma mulher que pode ser vista como uma jovem com uma echarpe no pescoço ou uma velha com a cabeça inclinada. Claro, a imagem em si é simplesmente feita de linhas e partes claras e escuras. A imagem de uma mulher jovem ou velha não está realmente no papel, mas na mente de quem a vê. Usando a imaginação, é possível ver tanto a velha quanto a jovem simultaneamente.

Pensamento criativo

Einstein, Mozart, Edison, Van Gogh, Pasteur, Joseph Conrad e Picasso demonstraram a capacidade de ver polos opostos simultaneamente. Foi Van Gogh quem mostrou, no quadro *Quarto em Arles*, como é possível ver dois pontos de vista diferentes ao mesmo tempo. Pablo Picasso alcançou a perspectiva cubista desmembrando mentalmente objetos e reorganizando os elementos a fim de apresentá-los de uma dúzia de pontos de vista simultaneamente. Sua obra-prima *Les Demoiselles d'Avignon* parece ser o primeiro quadro da arte ocidental pintado de todos os pontos de vista de uma só vez. O espectador que deseja apreciá-lo tem que reconstruir todos os pontos de vista originais simultaneamente. Em outras palavras, precisa tratar o assunto exatamente como Picasso tratou para ver a beleza da simultaneidade.

Louis Pasteur descobriu o princípio da imunologia ao estudar um paradoxo. Algumas galinhas infectadas sobreviveram a um ataque de bacilo de cólera. Quando as galinhas infectadas e outras não infectadas foram inoculadas com uma nova cultura virulenta, as que não foram infectadas anteriormente morreram, ao passo que as galinhas infectadas sobreviveram. Ao ver o evento inesperado como a manifestação de um princípio, Pasteur teve que formular o conceito de que os animais sobreviventes estavam doentes e sadios ao mesmo tempo: uma infecção anterior não detectada os manteve livres de doenças e os protegeu da nova infecção. Essa ideia paradoxal de que a doença pode funcionar para prevenir doenças foi a base científica para a imunologia.

No entanto, a maioria dos paradoxos nos faz sentir ambivalentes e inseguros, porque somos ensinados a manter os opostos nitidamente separados. Pensamos que as linhas retas e as curvas são claramente diferentes e distintas. Sabemos disso porque fomos ensinados a conhecer as coisas ou em relação ou em mútua oposição.

UM CÍRCULO INFINITO É UMA LINHA RETA

Séculos atrás, o matemático do século 15 Nicolau de Cusa[1] fez a seguinte observação sobre a forma de um círculo infinito: "A curvatura da circunferência diminui à medida que o tamanho aumenta". Por exemplo, a curvatura da superfície da Terra é tão insignificante que parece plana. O limite de diminuição da curvatura é uma linha reta. A curvatura de um círculo infinito, então, é... uma linha reta! Chegamos a esse pensamento por meio do nosso intelecto, que reconhece a coincidência desses dois polos opostos.

---

[1] Essa discussão vem de Nowlan, Robert A. Nicholas of Cusa, da série **A Chronicle of Mathematical People**. Disponível em: <www.robertnowlan.com/pdfs/Cusa,%20Nicholas%20of.pdf>. [Link consultado pelo autor não disponível na data de publicação desta obra. (N.E.)]

O mesmo princípio se aplica aos demais aspectos da vida. Entendemos as ideias e os conceitos em termos de relação ou de oposição mútua. Para obter uma compreensão alternativa, inverta uma ideia e veja quais novos relacionamentos são criados. Por exemplo, muitos artistas famosos projetaram e comercializaram bens de consumo em massa, como bolsas, camisetas, sacolas, e assim por diante, obtendo um lucro considerável. Artistas desconhecidos não podem aproveitar essa oportunidade, porque não são reconhecidos e ninguém compra seus produtos.

Um grupo de artistas em São Francisco inverteu essa formulação de maneira interessante. Eles perguntaram: se a reputação de um artista famoso permite a comercialização de mercadorias, por que os bens de consumo não podem tornar famosos os artistas menos conhecidos?

O grupo realiza diversas exposições em galerias e, além de quadros, vende carteiras. Cada artista desenha várias carteiras, que custam 25 dólares cada uma. As carteiras geram lucro e servem de itens promocionais para os artistas menos conhecidos; foram escolhidas porque não ficam penduradas em uma parede, mas são carregadas pelas pessoas, expondo os artistas a um público muito mais amplo.

Observadas por um ângulo, as obras de arte famosas possibilitam as vendas de mercadorias; por outro ângulo, são as vendas de mercadorias que possibilitam que as obras de arte sejam famosas. É muito parecido com a imagem a seguir. Se você olhar de uma maneira, é um coelho; de outra maneira, é um pato. Em ambos os casos, é a mesma figura.

COMBINANDO OPOSTOS

Os inventores profissionais adoram desenvolver novas invenções práticas combinando artefatos e usando o que chamam de "heurística inversa". De acordo com esse pensamento, se um objeto desempenha uma função, um novo produto pode ser criado combinando esse objeto com algo que desempenha a função oposta. O lápis e a borracha são um exemplo disso, e também o martelo de garra. Uma pequena tampa hermética poderia ser anexada à alavanca de abertura de uma lata de refrigerante de forma que o conteúdo pudesse ser guardado se não consumido totalmente. Mudar a alavanca para além do ponto de abertura selaria o orifício.

Antes de continuar lendo, veja como você se sai no seguinte experimento.

EXPERIMENTO MENTAL

Durante inundações, as pessoas usam pás para cavar montes de areia, enchendo a pá com areia e despejando-a em sacos. Considere o fato de que elas devem tanto encher a pá quanto esvaziá-la. Pensando paradoxalmente em como as coisas são enchidas e esvaziadas, você consegue inventar algo para acelerar esse processo?

Como foi? Uma ideia é criar uma pá com cabo oco, de modo que a pá se incline quando estiver cheia de areia e caia no saco pelo cabo oco.

TODOS OS OPOSTOS SE ORIGINAM DE UM CENTRO COMUM

O princípio a ser lembrado é que as dualidades e os opostos não estão desvinculados, mas se complementam. Não se confrontam mutuamente a distância, mas se originam de um centro comum. O pensamento comum esconde a polaridade e a relatividade porque emprega somente os extremos, os opostos, desprezando o que está entre eles. A diferença entre frente e atrás, entre ser ou não ser, esconde a unidade e a relação mútua. Por exemplo, "início/fim" tem um ponto intermediário, que é o "meio"; "passado/futuro" tem o "presente"; e "amor/ódio" tem a "indiferença".

Pense na oposição entre Israel e Palestina. Perguntaram a um palestrante em um seminário internacional sobre a paz mundial[2] se haveria possibilidade de sucesso nas negociações entre Israel e Palestina. Ele chamou dois jovens ao microfone: um palestino e um israelense.

— Imaginem que vocês são irmãos — disse a eles. — Seu pai faleceu e deixou para vocês uma herança com três propriedades — simbolizadas por três moedas que o palestrante colocou no pódio.

— Ele os instruiu a compartilhar a herança de forma justa, mas as propriedades não podem ser divididas — disse a eles. — Agora é preciso encontrar uma solução criativa que traga o máximo de benefício possível.

Quando o palestino disse que pegaria duas moedas e daria uma ao israelense, todos riram, e o palestrante comentou:

— Bem, tudo bem, mas é assim que as sementes do conflito são plantadas.

O israelense disse que estava realmente pensando em pegar uma moeda e dar duas ao palestino.

— Evidentemente — disse o mediador —, você sente que vale a pena apostar no adversário e espera poder se beneficiar dele no futuro.

Os jovens se sentaram.

Em seguida, o palestrante pediu a duas jovens (novamente uma era israelense, e a outra, palestina) para repetirem o exercício.

— Eu ficaria com uma moeda e daria duas a ela — disse a jovem israelense — com a condição de que ela doasse a segunda para uma instituição de caridade, talvez um hospital infantil.

— Bom! — disse o palestrante, perguntando à mulher palestina se ela concordava.

---

[2] Discurso do dr. Saeb Erekat em 22 de outubro de 2007, tal como descrito em <http://www.palestine-pmc.com/details.asp?cat=6&id=233>.

A jovem palestina disse:

— Eu guardaria uma para mim e daria uma para ela, e diria para investirmos a terceira juntas.

Todo o público se levantou e aplaudiu a solução.

Esse exercício demonstra que os opostos nacionalistas não estão separados, mas são polares. Não se confrontam à distância, mas se originam de um centro comum. Aqui, os participantes do exercício encontraram a solução no centro comum. Em vez de procurar razões pelas quais os dois pontos de vista são diferentes, os cientistas procuram razões pelas quais os dois pontos de vista podem ser compatíveis.

Na arte, a genialidade de Andy Warhol estava em justapor duas orientações tradicionalmente opostas dentro de um único quadro. Produzindo quadros sérios para latas de sopa Campbell, ele criou uma confusão: ao olhar para elas, os espectadores experimentavam o banal e o sublime ao mesmo tempo. Warhol conseguiu combinar opostos sem reduzir as qualidades intrínsecas.

O artista britânico Paul Curtis[3] criou o "grafite reverso", que ele chama de "marcação limpa" ou "escrita suja". Usando depuradores industriais, esfrega seletivamente áreas de propriedades urbanas sujas e abandonadas (paredes de túneis, calçadas) para que palavras e imagens sejam formadas pelas seções limpas. Curtis chama isso de reconfigurar, não de desfigurar. Sua arte é temporária. Brilha durante um tempo e depois desaparece. Ele também vende sua arte como publicidade. O conselho da cidade de Londres o acusou de infringir a lei, mas não consegue descobrir qual lei ele está infringindo. Ele está limpando paredes sujas sem autorização?

PODEMOS EMBALSAMAR COISAS VIVAS PARA PRESERVÁ-LAS?

Pense por um momento no processo de embalsamamento usado para preservar o corpo dos mortos. O oposto da morte é a vida.

---

[3] MORGAN, Richard. Reverse grafitti. **The New York Times Magazine**, 10 dez. 2006. Disponível em: <http://www.nytimes.com/2006/12/10/magazine/10section3a.t-7.html>. Acesso em: 28 set. 2022.

O embalsamamento pode ser usado para preservar coisas vivas assim como coisas mortas? Este é o paradoxo que pesquisadores da Universidade de Zaragoza, na Espanha, decidiram explorar. Pesquisando diferentes métodos de embalsamamento, descobriram que a canela era usada para embalsamar os mortos no Egito Antigo. No início, os pesquisadores acreditavam que a especiaria era usada para mascarar o cheiro de podridão.

Experimentando com a canela,[4] descobriram que, além de ter um aroma doce e amadeirado, a especiaria mata os micróbios. Eles aproveitaram essa propriedade para desenvolver uma embalagem de papel encerado antimofo. Relataram que, mesmo quando se embrulha um pão deliberadamente manchado de mofo, um papel encerado feito com 6% de óleo de canela inibe o crescimento de mofo em 96%, prolongando o frescor em até dez dias. (O papel encerado comum não retarda o mofo de forma alguma.) Além disso, o invólucro também pode ser eficaz para manter frutas, legumes e carnes frescas. Os pesquisadores disseram que o papel encerado de canela era seguro e ecológico.

As peças de metal forjadas em uma fundição podem ser limpas com um jato de areia. Infelizmente, porém, a areia entra em pequenas cavidades no metal, e a limpeza fica demorada e cara. O paradoxo aqui é que as partículas devem estar duras para limpar as peças e ao mesmo tempo "macias" para serem facilmente removidas. Engenheiros que trabalhavam em uma fundição reconheceram que um substituto ideal para a areia seria um material caracterizado pelo "desaparecimento da dureza". Isso os levou a pensar em coisas que são duras e que desapareçam. A síntese dos dois conceitos os fez pensar no gelo: é duro, mas desaparece quando derrete. Derreter é uma característica distintiva do gelo. A solução para o problema da fundição era limpar as peças metálicas com partículas de gelo seco: elas limpam as peças e depois se transformam em gás e evaporam.

---

[4] CHANG, Kenneth. Cinnamon is key ingredient in anti-mold wrapper. **The New York Times**, 29 set. 2008. Disponível em: <https://www.nytimes.com/2008/09/02/science/02obsbread.html>. Acesso em: 28 set. 2022.

EXPERIMENTO MENTAL

Dois conceitos antagônicos são "ganhar dinheiro" e "fazer o bem".

A seguir, veja um exemplo de combinação conceitual.

Observe se consegue criar outro.

Problema: Como integrar negócios com ativismo social.

Paradoxo: O setor empresarial e o ativismo social geralmente são vistos como entidades separadas e com objetivos diferentes. O setor empresarial busca lucros. O ativismo social busca o bem-estar social. O paradoxo: uma empresa pode lucrar ao mesmo tempo que realiza um bem social.

Síntese: Resuma o problema em poucas palavras que captem a essência e o paradoxo do problema. A síntese deve ter de duas a cinco palavras. Alguns exemplos de paradoxos resumidos são:

Objetivo de vendas — Desejo focado

Funcionários de diferentes níveis — Confusão equilibrada

Ciclos de vendas sazonais — Pausas conectadas

Controle de natalidade — Intermitência confiável

Natureza — Impetuosidade racional

Reduzir o paradoxo a um "título" de duas palavras facilita o trabalho de compreendê-lo.

Exemplo: No nosso exemplo, a síntese é "Empreendedorismo Social".

Análogo: Encontre um análogo que reflita a essência do paradoxo. Pense no máximo de análogos que conseguir e selecione o mais adequado.

Exemplo: O análogo selecionado para o nosso exemplo é a ordem religiosa jesuíta da Igreja Católica. Essa ordem é uma organização de serviço global verdadeiramente eficaz.

Característica única: Qual é a característica ou a atividade única do análogo? Ideias criativas geralmente envolvem tomar características únicas de um assunto e aplicá-las a outro.

Exemplo: Os jesuítas têm uma cadeia de valor híbrido, o que significa que integram o trabalho para a igreja com o trabalho para o povo. Quando eles encontram uma solução inovadora para um problema em uma parte do mundo, aplicam-na a problemas em outras partes.

> *Equivalente:* O equivalente a essa característica única pode ser a integração do ativismo social e empresarial. Use um equivalente de característica única para desencadear novas ideias. Os negócios seriam a "igreja", e o ativismo social seria "trabalhar para as pessoas"; na verdade, seria uma cadeia de valor híbrido entre parcerias globais envolvendo empreendedores sociais e homens de negócios.
>
> *Construa uma nova ideia:* Crie uma organização que combine uma ideia para o bem social com o lucro, e estruture a ideia de uma forma que leve a organização a ter um alcance global em vez de local.
>
> Um exemplo foi relatado na revista *Fast Company*. A Cemex,[5] a grande produtora de cimento mexicana, criou um plano para incentivar as famílias em áreas de favelas urbanas a economizar dinheiro a fim de comprar cimento para construir ampliações em suas casas, oferecendo a elas serviços de engenharia com desconto. Os ativistas sociais da comunidade adoraram a estratégia porque poderia ajudar a evitar abusos familiares que geralmente surgem da superlotação. Além disso, é ótimo para a Cemex, porque cria um novo mercado.
>
> O passo seguinte foi firmar parceria com ativistas contra a Aids, os quais estabeleceram uma rede que oferece educação sexual e treinamento para prevenção da Aids. A Cemex teria que usar o sistema atual de distribuição dos ativistas contra a Aids, pagando comissões aos educadores sexuais quando enviassem clientes interessados na compra de cimento.
>
> A parceria permite que os ativistas aumentem a qualidade de vida para muitas pessoas, ao mesmo tempo que criam uma nova forma de gerar dinheiro para os próprios projetos. Por fim, a Cemex planeja se conectar com redes sociais de ações semelhantes para distribuir cimento no México e na América do Sul.
>
> Combinar conceitualmente lucros e trabalho social no mesmo espaço mental criou uma nova maneira de olhar para os negócios.

Outro exemplo de como ganhar dinheiro fazendo um bem social vem da Índia. Uma organização familiar sem fins lucrativos contratou os mais pobres dos pobres, os chamados "catadores de lixos", para coletar lixo pelas ruas de Délhi e reciclá-lo em troca de comida. Isso em si já seria um bem social, mas a família se perguntou se seria possível de alguma forma gerar benefícios com

---

[5] HAMMON, Keith. A lever long enough to move the world. **Fast Company**, 1 jan. 2005. Disponível em: <http://www.fastcompany.com/magazine/90/open_ashoka.html>. [Link consultado pelo autor não disponível na data de publicação desta obra. (N.E.)

o lixo, criando uma organização sem fins lucrativos autossustentável, em vez de depender da caridade dos outros.

A família trabalhou com designers para criar um produto engenhoso: carteiras feitas com sacolas recicladas e jornais coletados das ruas. A carteira tem a quantidade perfeita de espaço para tudo o que é essencial e apresenta um design minimalista atraente. Cada carteira, feita de anúncios coloridos, histórias em quadrinhos, páginas de manchetes, de esportes e de classificados, tem um estilo único.

A produção dessas carteiras ajuda a reduzir o desperdício em Délhi, ao mesmo tempo que proporciona emprego e subsidia cuidados de saúde e educação para os pobres. A organização sem fins lucrativos gerou receita fazendo um bem social, e então a usou para realizar mais trabalho social. Em certo sentido, tornou-se, paradoxalmente, uma organização sem fins lucrativos "lucrativa".

QUANTO MAIS LENTO, MAIS RÁPIDO[6]

Dirk Helbing, físico do Instituto Federal Suíço de Tecnologia em Zurique, descobriu, enquanto estudava o movimento de pessoas e sistemas, que, paradoxalmente, mais lento significa mais rápido quando uma multidão tenta sair de uma sala por uma única porta. Um obstáculo colocado na frente de uma porta aberta permite que as pessoas saiam mais rápido porque ajuda a manter a fluidez da multidão. Funciona porque as multidões se ajustam às condições. Quando fluxos de pessoas se encontram, organizam-se para que uma pessoa de um grupo saia e, em seguida, uma pessoa do outro grupo saia também. O físico observou que a multidão se organiza da mesma forma que os fluidos e gases fazem quando obrigados a se enfileirar em experimentos de laboratório.

---

[6] Essa discussão sobre a organização das multidões vem de HELBING, Dirk; BUZNA, Lubos; JOHANSSON, Anders; WERNER, Torsten. Self-organized pedestrian crowd dynamics: experiments, simulations, and design solutions. **Journal of Transportation Science 39**, n. 1, fev. 2005. Disponível em: <http://portal.acm.org/citation.cfm?id=1247227>. Acesso em: 29 set. 2022.

O pensamento paradoxal está se tornando cada vez mais comum no mundo da ciência. O mundo da física subatômica está cheio de paradoxos, aparentes contradições que ocorrem ao mesmo tempo. A ciência, como sabemos, apresenta duas teorias em relação à luz: uma delas, de que a luz é um corpúsculo, e a outra, de que é uma onda. Ao desenvolver uma equação ou um experimento, os cientistas às vezes empregam a teoria corpuscular e, em outras, a teoria ondular. Ambas são verdadeiramente operacionais, mas logicamente incompatíveis entre si.

Outro exemplo de pensamento paradoxal vem do mundo da medicina. Conforme relatado na revista *Time*, o dr. Randas Batista, em Curitiba, Brasil,[7] tinha muitos pacientes morrendo de insuficiência cardíaca congestiva, que faz o coração enfraquecer e aumentar de tamanho. Quando o coração enfraquece, ele tenta compensar isso esticando os músculos para ajudá-lo a bater. Contudo, à medida que o ventrículo esquerdo do coração aumenta, torna-se menos eficiente em bombear o sangue para o restante do corpo. O dr. Batista não tinha os recursos necessários para o tratamento padrão da doença, que são terapia medicamentosa e transplante de coração. Pensou em uma solução radical que consistia em cortar pedaços do coração para deixá-lo menor e, ao mesmo tempo, mais forte.

A solução de cortar parte do coração para torná-lo mais forte é paradoxal. Cirurgiões de todo o mundo ficaram maravilhados. Os pontos de vista desses médicos estavam tão determinados pelo pensamento convencional sobre insuficiência cardíaca congestiva que nunca consideraram soluções radicais até que o dr. Batista formulou o tratamento impressionante. Foi difícil para eles pensar além do que haviam aprendido.

O pensamento do dr. Batista foi extremo. A seguir, observe um experimento de pensamento que envolve a combinação de elementos de ideias extremas.

---

[7] O trabalho do dr. Batista foi relatado por GORDON, Derek. Too big a heart. **Time**, 1 out. 1997. Disponível em: <https://content.time.com/time/subscriber/article/0,33009,987098,00.html>. Acesso em: 29 set. 2022.

EXPERIMENTO MENTAL

Crie duas ideias extremas opostas. Por exemplo, considere primeiramente que ideia você teria se dispusesse de todos os recursos (pessoas, dinheiro, tempo, etc.) do mundo. Então pergunte-se que ideia você teria se não dispusesse de nenhum recurso. Tente combinar as duas posições em algo prático. Prepare também uma lista das características de cada ideia extrema e faça conexões entre as duas listas.

Suponha, por exemplo, que você queira recompensar funcionários por ideias que aumentem a produtividade. Um extremo seria premiar cada funcionário com 1 milhão de dólares por ideia. O outro extremo seria conceder um centavo a cada funcionário. Você pode combinar os dois extremos em uma ideia prática?

Você poderia combinar os dois extremos para criar a campanha "Um centavo por suas ideias". Compre uma máquina de chiclete de bola, deixe-a cheia de chicletes coloridos e coloque-a no escritório. Para cada ideia (ou para cada 5 ou 10 ideias), entregue ao colaborador um prêmio de 1 centavo para usar na máquina. Atribua um prêmio em dinheiro de acordo com a cor da bola de mascar que sair, por exemplo, 2 dólares para verde, 5 dólares para amarelo, 100 dólares para vermelho, e assim por diante.

UM PRODUTO QUE NÃO É REMÉDIO, MAS FUNCIONA COMO REMÉDIO

Ao navegar recentemente na internet, deparei-me com a seguinte história:

> Há alguns anos, eu estava em Phoenixville, Pensilvânia,[8] uma pequena cidade com muitos prédios vazios depois que a indústria siderúrgica entrou em declínio. Contudo, uma fábrica abandonada estava fazendo um tremendo negócio. Qual era o produto? Placebos. Para quase todos os medicamentos no mercado, eles produziam uma réplica

---

[8] Como relatado por George B. Dyson em The Edge Reality Club. <http://www.edge.org/discourse/self.html> [Link consultado pelo autor não disponível na data de publicação desta obra. (N.E.)]

inerte: pílulas rosas redondas, triangulares vermelhas, ovais azuis, amarelas; todo tipo de pílulas. As empresas farmacêuticas construíram um laboratório de pesquisa atrás do outro para desenvolver novos produtos. Ironicamente, os placebos são feitos em uma antiga fábrica abandonada sem laboratórios de pesquisa (e sem advogados) porque têm um produto sem efeitos colaterais e sem patentes.

Para muitas pessoas, um placebo funciona da mesma forma que o remédio a que substitui. Imagine a elegância desse paradoxo. Algo que não é remédio funciona como remédio se as pessoas acreditarem que se trata de um remédio prescrito. Placebos funcionam notavelmente bem, e o fato de isso acontecer continua sendo um verdadeiro mistério.

Pense no paradoxo do mundo empresarial[9] sugerido por Kenneth Thompson, que poderia ser expresso da seguinte forma: "O melhor controle vem da falta de controle". Thompson nos dá um exemplo:

> O lendário fundador do Wal-Mart, Sam Walton, era uma demonstração viva dessa contradição. Walton normalmente estava em seu escritório apenas às sextas e aos sábados, do sino de abertura até o meio-dia. No entanto, o Wal-Mart era considerado uma das organizações mais bem gerenciadas no setor de varejo.
>
> Alguém certa vez perguntou a Walton como ele conseguia dirigir o Wal-Mart se ficava fora do escritório a maior parte do tempo. Ele respondeu dizendo simplesmente que essa era a única maneira de administrar uma organização focada no cliente. Ele passava de segunda a quinta-feira em campo, interagindo diretamente com clientes e funcionários e vendo o que a concorrência estava fazendo. De fato, enquanto Sam Walton estava vivo, as lojas Wal-Mart foram construídas sem um escritório para o gerente da loja pelo mesmo motivo. O trabalho do gerente era ficar lá fora com os clientes e com os funcionários.

O PARADOXO DE MICHELÂNGELO

Muitas vezes, temos que mudar a nossa psicologia para entender certos fenômenos. Pense em Michelângelo quando ele esculpiu o que possivelmente é a escultura mais famosa do mundo, *Davi*.

---

[9] THOMPSON, Kenneth. R. Confronting the paradoxes in a total quality environment, **Organizational Dynamics 26**, inverno de 1998.

Ele não pensou em "construir" algo; pensou em "retirar" algo que já estava lá. Uma citação frequentemente atribuída a ele diz: "Quanto mais o mármore definha, mais a escultura cresce".

Para entender um espelho, você precisa mudar a sua psicologia. Por que um espelho parece inverter esquerda e direita, mas não para cima e para baixo? Isto é, ao segurar um livro aberto contra um espelho, por que as letras do texto ficam de trás para frente, mas não de cabeça para baixo, e por que a mão esquerda é a direita do reflexo, e a direita é a esquerda?

Quando nos olhamos no espelho, nós nos vemos invertidos da esquerda para a direita, como se tivéssemos ido para detrás do espelho para olhar através dele. Essa perspectiva convencional é o motivo pelo qual não podemos explicar o que acontece com um espelho. Para entender a imagem de um espelho, é preciso inverter psicologicamente a maneira de percebermos a nossa imagem. Imagine que o nariz e a parte de trás da cabeça foram invertidos através do espelho. É preciso se imaginar invertido, "esmagado" de trás para a frente. Fique na frente do espelho com uma das mãos apontando para o leste e a outra para o oeste. Acene com a mão a leste. A imagem do espelho acena para o leste. A mão a oeste fica a oeste. A cabeça fica acima e os pés abaixo. Ao olhar para um espelho com essa perspectiva, você ganha uma compreensão sobre o eixo do espelho, que é a linha imaginária sobre a qual um corpo gira.

Temos dificuldades em entender o espelho até mudarmos a nossa perspectiva. Da mesma forma, às vezes temos dificuldades em gerar ideias até mudarmos a nossa psicologia. As primeiras sociedades nômades eram baseadas no princípio de "como chegar até a água". Somente quando eles inverteram esse princípio para "como podemos fazer a água chegar até nós" é que a civilização começou a florescer.

Uma maneira fácil de mudar os padrões de pensamento quando somos confrontados com um problema é listar primeiro todas as suposições sobre ele. Depois, inverta as suposições e tente fazer que o oposto funcione.

Veja a seguir um experimento mental sobre a inversão da política de uma loja. Depois de ler o problema, tente pensar em ideias antes de continuar a leitura.

> **EXPERIMENTO MENTAL**
>
> Uma loja de roupas está preocupada com a grande taxa de devoluções de produtos. De acordo com a política da loja, o cliente que devolver uma peça de roupa receberá um reembolso em dinheiro. Inverta essa política para que diga: se um cliente devolver uma peça de roupa, a loja não fará um reembolso em dinheiro.
>
> Você consegue pensar em ideias para transformar essa inversão em uma solução prática?

O que a loja pode dar ao cliente em vez de um reembolso? Uma ideia é oferecer ao cliente um vale-presente no valor de 110% do preço de compra original. Com efeito, isso dá ao cliente uma recompensa de 10% por devolver a roupa indesejada.

Essa política permitiria que a loja ficasse com a maior parte do dinheiro, e o os clientes provavelmente ficariam felizes com a recompensa de 10%. O verdadeiro retorno ocorreria quando o cliente retornasse com o vale-presente. Um cliente que devolvesse uma peça de vestuário no valor de 100 dólares receberia um vale-presente de 110 dólares. A psicologia prevê que o cliente irá procurar roupas mais caras ao retornar à loja. Por exemplo, em vez de comprar uma roupa de 100 dólares, ele será atraído pelas roupas de 200 dólares porque, em sua mente, isso "custaria" apenas 90 dólares. Que ótimo negócio!

Neste capítulo, mostrei como mudar a maneira de ver as coisas invertendo-as e olhando para o outro lado. No capítulo seguinte, apresentarei outra maneira de ver as coisas, imaginando o absurdo e o fantástico para romper os padrões convencionais do pensamento.

9
Pense o impensável

> Se, a princípio, a ideia não é absurda,
> então não há esperança para ela.
> EINSTEIN

Peça para um amigo seu imaginar uma criatura vivendo em um planeta com uma atmosfera diferente, em outro sistema solar. Em seguida, peça para o seu amigo fazer um desenho da criatura. A maioria das pessoas desenha criaturas que se assemelham à vida como a entendemos, ou seja, criaturas com órgãos dos sentidos para ver, ouvir e cheirar, e braços e pernas com simetria bilateral. Fazem isso mesmo estando livres para imaginar o que quiserem, sem restrições.

Pensamento criativo

Tal atitude revela um fenômeno chamado imaginação estruturada. Mesmo quando usamos a imaginação para desenvolver novas ideias, elas estão estruturadas de maneiras muito previsíveis, de acordo com conceitos, categorias e estereótipos existentes. Isso acontece não importa se somos inventores, artistas, escritores, cientistas, designers, empresários ou simplesmente alguém fantasiando sobre ter uma vida melhor.

Pesquisas mostram que nos lembramos mais rapidamente de instâncias típicas de um conceito do que das menos típicas. Para comprovar isso por si mesmo, nomeie rapidamente os primeiros cinco pássaros em que conseguir pensar. A lista provavelmente estará cheias de pássaros típicos, como beija-flores, sabiás e pardais, e é menos provável que contenha pássaros incomuns, como pelicanos, avestruzes e pinguins.

Como os exemplos mais básicos de um conceito vêm à mente primeiro, naturalmente tendemos a utilizá-los como ponto de partida ao desenvolver novas ideias. E, como os membros mais típicos de uma categoria são os que contêm todas as propriedades centrais, isso pode reduzir ainda mais a inovação. Um bom exemplo disso é a ferrovia.

Certo verão, trabalhei para uma ferrovia a fim de ajudar a pagar a mensalidade da universidade. Substituímos os trilhos desgastados por novos. A largura entre dois trilhos é de 1,2 metro e 21,6 centímetros. Perguntei ao chefe sobre essa medida estranha e ele me disse que especialistas no escritório central a tinham estabelecido. Explicou que engenheiros e físicos haviam estudado esse aspecto da construção da ferrovia e concluído que aquela era a largura ideal.

Anos depois, li artigos de diversas fontes sobre os primeiros trilhos. A maioria começava com a descrição das primeiras estradas de longa distância na Inglaterra e confirmava que as primeiras estradas de longa distância foram construídas pelos romanos depois de conquistarem a Grã-Bretanha. Consequentemente, os carros de guerra romanos[1] fizeram as primeiras marcas nas estradas. Os carros foram feitos em Roma, e a distância entre as rodas de cada carro tinha 1,2 metro e 21,6 centímetros, que é justamente a largura suficiente para acomodar dois cavalos na frente dos carros. Depois disso, os fabricantes de vagões britânicos usaram a mesma medida para as rodas dos vagões; caso contrário, os vagões se romperiam devido à profundidade dos sulcos.

Assim, pode-se dizer que a medida padrão das ferrovias nos Estados Unidos de 1,2 metro e 21,6 centímetros originou-se nos carros de guerra romanos. Na próxima vez que alguém apresentar um dado estranho e você se perguntar que história é essa, poderá estar mais perto da verdade do imagina.

Precisamos de maneiras de desestruturar a nossa imaginação para explorar os limites externos e a variedade estonteante de conceitos a fim de que possamos ir além do típico e criar ideias maravilhosamente incomuns. Para que isso ocorra, temos que visitar tópicos ou conceitos aparentemente não relacionados que podem parecer estranhos e até hostis em relação ao problema em questão. Contudo, essa forma de resolver o problema tem sido a mais bem-sucedida. Toda invenção e descoberta é permeada pela ideia de pensar o impensável.

A SUA IDEIA É VERDADEIRAMENTE LOUCA?

A franqueza lúdica dos gênios criativos é o que lhes permite explorar ideias impensáveis. Certa vez, Wolfgang Pauli, o descobridor do spin do elétron, estava apresentando uma nova teoria sobre as partículas elementares para um público profissional quando

---

[1] Existem muitas versões dessa história sobre a bitola da ferrovia. Há duas referências aceitáveis: LOWELL, Steve. Roman Chariots, Railroad Tracks, Milspecs, and Urban Legends. **National Aeronautics and Space Administration**, 2001. Disponível em: <https://standards.nasa.gov/documents/RomanChariots.pdf>. E também: ADAMS, Cecil. Was standard railroad gauge (4'8½") determined by Roman chariot ruts?. **The Straight Dope**, 18 fev. 2000. Disponível em: <www.straightdope.com/columns/read/2538/was-standard-railroad-gauge-48-determined-by-roman-chariot-ruts>. Acesso em: 29 set. 2022.

ocorreu uma extensa discussão. Niels Bohr resumiu a questão a Pauli, explicando que todos concordavam que a teoria dele era louca. Indagou se a questão que os dividia era louca o suficiente para ter a possibilidade de estar correta. Bohr disse que sentia que não era louca o suficiente.

A lógica se esconde no ilógico de Bohr. No gênio, há uma tolerância para caminhos imprevisíveis do pensamento. O resultado do pensamento imprevisível pode ser exatamente o que é necessário para mudar o contexto e levar a uma nova perspectiva.

EXPERIMENTO MENTAL

Um fabricante de detergente quer uma nova campanha de marketing. A agência tem uma ideia bizarra: se você comprar, sem saber, uma das 50 caixas de detergente premiadas, ao voltar para casa com a compra, presentes subitamente irão se materializar na sua casa do nada.

Você pode imaginar como essa ideia bizarra pode se transformar em uma campanha de verdade?

Como isso realmente aconteceu? Como relatado no PSFK.com,[2] uma agência de marketing convenceu a

> [...] Unilever a colocar dispositivos GPS em caixas selecionadas do sabão em pó Omo no Brasil. Isso permitiu rastrear os compradores até a porta de suas casas e surpreendê-los com presentes. Assim que qualquer uma das 50 caixas de Omo que tinham os dispositivos GPS eram retiradas das prateleiras da loja, uma das equipes entrava em ação e chegava à casa do comprador em algumas horas.

A liberdade lúdica que acompanha uma ideia "bizarra" permitiu à agência combinar possibilidades que de outra forma não seriam possíveis, criando uma sequência de eventos que de outra forma não teriam acontecido.

---

[2] KUMAR, Naresh. Unilever's Brazilian detergent to stalk its customers. **PSFK.com**, 4 ago. 2010. Disponível em: <http://www.psfk.com/2010/08/unilevers-brazilian-detergent--to-stalk-its-customers.html>. Acesso em: 29 set. 2022.

Em outro exemplo, Spencer Silver,[3] um químico da 3M que gostava de brincar com produtos químicos, tentou misturar vários elementos apenas para ver o que aconteceria. Um dos resultados foi que ele inventou um adesivo especial que possibilitou o *post-it*, um produto com um faturamento de mais de 300 milhões de dólares em negócios em 2002.

Spencer Silver disse: "Se eu tivesse pensado sobre isso, não teria realizado o experimento. A literatura estava cheia de exemplos que diziam que não seria possível". Se ele tivesse estudado os artigos, teria interrompido seu trabalho. A chave era não saber no que os especialistas acreditavam e experimentar para ver o que conseguiria fazer. Em um momento "Eureka", ele percebeu que havia desenvolvido um adesivo que podia ser colado e descolado várias vezes.

Contudo, o problema era como usar a descoberta. A política da empresa permitiu que Silver continuasse se empenhando, mas ninguém conseguia dar uma utilidade ao produto. Silver havia encontrado uma solução, mas não tinha encontrado um problema para resolvê-lo. O ápice aconteceu quando outro funcionário da 3M, Arthur Fry, teve um momento de inspiração. Art era membro do coral de uma igreja e usava tiras de papel como marcadores nos livros de músicas para identificar as músicas a serem cantadas. Às vezes o papel voava e isso era um problema. A ideia de usar o adesivo de Silver para fazer um marcador melhor surgiu enquanto ele cantava no coral.

O marcador de livro o inspirou a pensar em outras aplicações de papel em que apenas uma das folhas tivesse a parte autocolante. O problema era que a 3M não tinha o equipamento para fazer isso; então, a administração não ficou entusiasmada em aplicar a ideia de Fry. Consequentemente, Fry projetou e construiu a própria máquina no porão de casa para fabricar o precursor do *post-it*. A máquina era grande demais para passar pela porta do porão, então ele abriu um buraco na parede para levar a máquina até a 3M. Depois, fez

---

[3] Embora essa história seja amplamente citada, não consegui encontrá-la publicada em lugar algum.

uma demonstração para a direção, os engenheiros, os vendedores e os gerentes de produção. Sua demonstração gerou o entusiasmo necessário para conseguir apoio ao projeto.

PENSE ALÉM DAS EXPECTATIVAS

O pensamento é um processo que consiste em encaixar novas situações em ranhuras e escaninhos existentes na mente. Assim como não podemos colocar um corpo físico em mais de um escaninho ao mesmo tempo, os processos de pensamento nos impedem de pôr uma construção mental em mais de uma categoria mental de uma só vez. Isso ocorre porque a mente tem uma intolerância básica à ambiguidade, e sua primeira função é reduzir a complexidade das experiências.

Quando temos ideias malucas ou fantásticas, pensamos além das expectativas e intenções, e foi isso o que aconteceu com um fabricante de aparelhos de jantar que teve um problema com a embalagem. Os pratos eram embrulhados em jornais velhos e arrumados em caixas. Contudo, todos os empacotadores acabavam parando para ler os jornais e ver as imagens. A maioria dos funcionários apresentava uma queda de cerca de 30% de eficiência depois de algumas semanas no trabalho.

O fabricante tentou usar outro material para as embalagens, mas era muito mais caro; os jornais eram gratuitos. Tentou usar jornais em diferentes idiomas, mas era difícil consegui-los. Chegou a oferecer incentivos aos trabalhadores para aumentar o número de pratos embalados, mas não obteve sucesso. Finalmente, um dia, em uma reunião, um supervisor exasperado disse que eles deveriam fechar os olhos dos trabalhadores para que não pudessem ler. O comentário absurdo gerou muitas risadas e brincadeiras. Contudo, o supervisor teve uma epifania: a ideia de contratar cegos para fazer a embalagem. A empresa não só aumentou muito a eficiência da embalagem, como também recebeu benefícios fiscais pela contratação de deficientes.

Observe a ilustração a seguir.

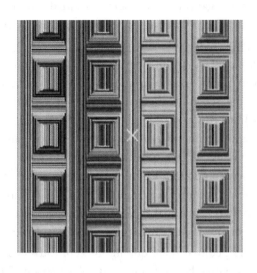

Uma ilustração de quadrados é a primeira impressão da mente. No entanto, se você focar o X no centro, círculos aparecerão na imagem. A mente, quando forçada a se concentrar em um assunto por um período de tempo, fica entediada e explora formas alternativas de percepção, decompondo o todo em partes e depois procurando as partes interessantes. Nessa ilustração, percebemos quadrados, mas a mente rapidamente os reorganiza, e um novo padrão de formas diferentes é percebido — círculos.

PAPAIS PLANOS

O mesmo processo acontece no pensamento. Quando você pensa em uma ideia, por mais absurda ou tola que pareça, a sua mente irá decompô-la em fragmentos para, em seguida, procurar as partes interessantes nas quais se apoiar. Nos primeiros passos desse processo, os efeitos dessas mudanças permanecem abaixo do nível de consciência. Contudo, depois de um tempo, penetram na consciência na forma de novas ideias e insights. Um exemplo disso é uma ideia desenvolvida pela diretora da Cruz Vermelha de

Tri-City,[4] uma organização que serve as cidades de Kennewick, Pasco e Richland, em Washington, e apoia as famílias de soldados designados para o Oriente Médio.

A diretora estava sempre pensando em organizar atividades familiares com os filhos dos soldados para mantê-los conectados com os pais. Um dia, seu filho sugeriu que ela contratasse atores para fazer o papel dos pais enquanto eles estavam fora. Ela riu, mas não conseguia parar de pensar em substitutos para os pais. Por uma semana, ficou pensando em quem ou no que poderia contratar no lugar de um soldado deslocado. Foi então que ficou sabendo de um programa baseado em um livro infantil, *Flat Stanley* ("Stanley Plano", em tradução livre), no qual a personagem principal viaja pelo mundo em um envelope. Isso inspirou uma ideia brilhante.

A diretora pediu às mães que lhe dessem fotos dos maridos e informassem o tamanho de jaqueta que eles usavam. Em seguida, combinou com uma gráfica local para fazer fotos em tamanho real dos maridos da cintura para cima, retocar o fundo e usar uma placa de espuma por trás das imagens. Depois, organizou uma festa e distribuiu as fotografias para as crianças, chamando-as de "papais planos" ou "soldados planos".

As crianças ficaram incrivelmente felizes e começaram a carregar seus Papais Planos por todos os lugares. Um menino assiste ao futebol com o Papai Plano todo fim de semana. Outra família realiza o jantar com o Papai Plano todas as noites. Uma mãe deu o Papai Plano para a filha de 3 anos. Aos 4 anos, a filha reconheceu o pai quando ele voltou para casa de licença e gritou: "Papai, papai", quando o viu saindo do avião.

Ao prestar atenção na ideia "louca" do filho, a diretora da Cruz Vermelha se viu explorando as possibilidades menos prováveis tanto consciente quanto inconscientemente. Quando começar a imaginar

---

[4] VON LUNEN, Jacques. Cutouts help kids connect to parents overseas. **Bellingham Herald**, 13 mar. 2001. <www.bellinghamherald.com/2011/03/13/1914426/cutouts-help-kids-connect-to-parents.html.> [Link consultado pelo autor não disponível na data de publicação desta obra. (N.E.)]

PENSE O IMPENSÁVEL

coisas loucas, acolhe as causalidades, como encontrar por acaso o livro do Stanley Plano. O pensamento lógico usa as emoções negativas para bloquear a liberdade de pensamento, e isso nos deixa poucas possibilidades de organizar a informação. Contudo, quando brincamos com ideias malucas, descobrimos que a imaginação é quase ilimitada.

Uma técnica que ajudará você a descobrir ideias originais e produzir deliberadamente padrões de pensamento incomuns é uma lista de ideias loucas e sem sentido sobre o assunto. Isso fará você se sentir livre de projetos e compromissos predeterminados, justapondo coisas que jamais teriam relação e construindo uma sequência de eventos que de outra forma não ocorreria.

EXPERIMENTO MENTAL

Imagine fazer parte de uma equipe de pessoas contratadas para projetar um novo edifício de ciências para uma faculdade. A faculdade quer um projeto que tenha significado científico. O desafio é projetar algo único que também transmita esse significado.

 Primeiro, liste o máximo de ideias absurdas ou fantasiosas que passarem pela cabeça.

Alguns exemplos:

Um edifício invisível.

Um edifício cujo exterior varie de acordo com as condições climáticas.

Um edifício animado cujo design mude diariamente.

Um edifício desmontável que possa ser movido facilmente pelo campus.

Um edifício que fala.

2 Em seguida, concentre-se em cada ideia para extrair a essência do projeto, das características e dos aspectos únicos da ideia. Liste os pensamentos e as ideias.

Suponha que os membros da equipe fiquem intrigados com a ideia de um edifício que ganha vida. Eles determinam que o princípio é a "vida" e decidem que alguns dos atributos da vida são os seguintes:

> *Respiração:* Todos os animais respiram.
>
> *Relacionamentos:* Seres humanos e outros animais desenvolvem vários tipos de relacionamentos.
>
> *Genes:* A vida é determinada geneticamente.
>
> *Nascimento e morte:* Os animais nascem, vivem e morrem.
>
> *Estados físicos, emocionais e mentais:* Seres humanos e outros animais têm estados físicos, emocionais e mentais.
>
> **3** Brinque com os vários aspectos dos princípios que considerar inspiradores na lista.
>
> No nosso exemplo, brincar com vários aspectos da vida levou a um pensamento sobre a genética. A equipe pode perguntar, entre outras coisas: "Há alguma analogia entre materiais de construção e genética?", "Um edifício pode ser geneticamente determinado?", "Deveríamos criar uma nova espécie de edifício?", "Há algum *pool* genético entre os edifícios?", "Um prédio pode ter DNA?".
>
> Qual é o seu projeto para o novo edifício?

Uma questão que inspirou uma equipe de arquitetos foi: "Um edifício pode ter DNA?". Os arquitetos foram contratados para projetar um novo prédio universitário que se chamaria Agnes Scott. Conseguiram uma amostra do DNA dos descendentes de Scott, e um artista o representou em forma de desenho. Em seguida, esse desenho foi instalado em um mural de quatro andares do lado de fora do prédio. É como se o edifício representasse visivelmente a invisível Agnes Scott. É impossível passar pelo mural sem pensar nela.

Que ideia maluca você consegue ter para promover a venda de ovos? Um grupo de cientistas e encarregados de marketing no setor de alimentação teve uma série de ideias malucas. Uma das sugestões foi: "E se os ovos falassem?". A característica única era "comunicação". Isso os levou a desenvolver um ovo que possui um logotipo termocromático especial que se torna visível quando o ovo estiver totalmente cozido.[5] Tudo o que você precisa fazer

---

[5] Hi-tech ink perfects egg boiling. **BBC News**, 31 jul. 2006. Disponível em: <http://news.bbc.co.uk/2/hi/5226338.stm>. Acesso em: 29 set. 2022.

é decidir se deseja que os ovos sejam cozidos moles, ao ponto ou duros e, em seguida, observar a cor da tinta. Você saberá quando o ovo estiver pronto pela cor de tinta que aparecer.

WALT DISNEY

Usando a imaginação,[6] Walt Disney explorava ideias fantásticas sem censura crítica. Depois, transformava essas fantasias em ideias factíveis e as avaliava. Ele mudava de perspectiva três vezes, desempenhando três papéis distintos em relação a elas: sonhador, realista e crítico.

No primeiro dia, Disney fazia o papel de sonhador e sonhava com fantasias e visões. Deixava a imaginação voar sem se preocupar em como materializar os conceitos. No dia seguinte, imaginava-se realista e fazia as fantasias acontecerem. Como realista, tentava encontrar formas de transformar os conceitos em algo prático. No terceiro dia, fazia o papel do crítico e se perguntava: será que esse projeto é exequível?

EXPERIMENTO MENTAL

Desafio: Suponha que você seja o dono de uma balada noturna e queira enviar convites exclusivos para a grande inauguração.

Seja um sonhador: Primeiro, liste o máximo de ideias fantásticas que conseguir. Alguns exemplos:

Faça o convite aparecer magicamente na mesa do convidado.

Instale um sensor em uma cadeira para que ela convide a pessoa que ali se sentar.

Garanta riqueza e felicidade a todos os que vierem.

Crie uma planta da qual brote um convite.

Prometa que todos os que vierem receberão uma pílula mágica que transformará a vida deles.

---

[6] Sobre a Disney veja: DILTS, Robert. Walt Disney: strategies of genius. **NLP Institute of California**, 1996. Disponível em: <www.nlpu.com/Articles/article7.htm>. Acesso em: 29 set. 2022.

Pensamento criativo

> *Seja realista:* Agora traga suas fantasias para realidade, trabalhando com os conceitos que encontrar nelas. Alguns dos conceitos da lista anterior são "aparecer magicamente", "garantir", "brotar" e "pílula mágica". Faça uma lista de ideias.
>
> *Seja crítico:* Por fim, avalie a viabilidade das suas ideias. Como você se saiu?

Os donos de uma balada se inspiraram para fazer o convite em forma de pílula. Enviaram uma pílula azul aninhada em uma almofada dentro de uma caixa preta, redonda e de veludo. No topo da caixa estava escrito: "Esta é uma pílula mágica que garantimos que o fará feliz". Dentro da caixa, as instruções diziam: "Coloque em água morna, mexa e deixe dissolver". Quando a pílula era imersa, a cápsula se dissolvia e borbulhava, e um pedaço de celofane com a hora, data e local da inauguração flutuava para cima. Os convites custaram 1,10 dólar cada um, e a estreia foi um tremendo sucesso.

A imagem a seguir sobre uma ilusão em relação a mesas foi criada pelo professor Roger Shepard.[7] Observe as duas mesas. Elas parecem ser totalmente diferentes. Uma é estreita, e a outra é larga. No entanto, acredite ou não, as mesas são idênticas.

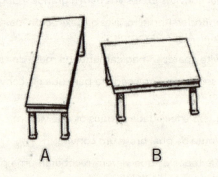

---

[7] SHEPARD, Roger N. Psychophysical Complementarity. In: KUBOVY, Michael; POMERANTZ, James R. (eds.) **Perceptual organization**. Hillsdale, NJ: Lawrence Erlbaum Associates, 1981. p. 279–342

Isso pode ser demonstrado se recortarmos a parte superior da mesa A, girando-a a 90 graus para a direita e colocando-a em cima da mesa B, ou medindo e comparando os comprimentos e as larguras. Essa é uma situação que parece impossível e, ao brincarmos com ela, descobrimos que a impossibilidade é apenas uma ilusão criada pela perspectiva do artista. Isso revela uma das vantagens de brincar com ideias absurdas: ao movimentá-las, podemos ver coisas que normalmente não veríamos.

No experimento mental a seguir, algumas combinações incomuns de objetos são apresentadas. O experimento se baseia na técnica de uma oficina em que os participantes escrevem nomes aleatórios em pequenas tiras de papel, as quais, em seguida, são também combinadas aleatoriamente para sugerir objetos incomuns para a visualização dos participantes. Combinar ideias aparentemente contraditórias ou impossíveis obriga os participantes a esticar e dobrar a mente para atender às especificações da tarefa. Os objetos a seguir surgiram durante uma oficina.

EXPERIMENTO MENTAL

Tente imaginar cada objeto descrito na lista a seguir e desenhe uma imagem para cada um deles. Veja se consegue imaginar a viabilidade dos objetos. Por exemplo, para desenhar um móvel que também é uma fruta, um abacaxi gigante poderia ser esculpido em formato de cadeira.

Um veículo que também é uma espécie de peixe.
Um aquário que também é um banheiro.
Um parquímetro que também é uma espécie de pessoa.
Um pássaro que também é uma espécie de utensílio de cozinha.
Um realçador de sabor de alimentos que também é uma espécie de ferramenta.
Um banco de parque que também é um tipo de pessoa.
Um computador que também é uma espécie de xícara de chá.
Um fogão que também é uma espécie de bicicleta.
Um abajur que também é uma espécie de livro.

Pensamento criativo

Algumas das ideias que esse experimento inspirou:

- Um veículo que também é uma espécie de peixe: um barco puxado por golfinhos.
- Um fogão que também é uma espécie de bicicleta: os tubos do quadro de bicicleta ficam cheios de vapor que pode ser liberado para cozinhar. A pedalada funciona como fonte de energia do fogão.
- Um parquímetro que também é uma espécie de pessoa: o parquímetro tem sensores infravermelhos e *chips* de computador movidos a lítio para "ver" as vagas de estacionamento de forma muito parecida com a que uma pessoa as veria. Quando um carro sai da vaga do estacionamento, o tempo restante no medidor é apagado.
- Um aquário que também é um banheiro: um engenheiro realmente projetou um banheiro que se parecia com um aquário, isto é, um banheiro com um tanque de vidro do tipo aquário. O mecanismo do banheiro está escondido atrás de uma parede, e o tanque de vidro com peixinhos nadando ao redor é um pequeno aquário. Um dono de restaurante comprou o banheiro para atrair mais clientes e seu negócio se expandiu, pois os clientes foram contando aos amigos sobre o banheiro-aquário.

Que tal um banco que anda e fala? Uma praça pública em Cambridge, Inglaterra, tem seis bancos e seis latas de lixo, mas o mobiliário urbano é muito diferente do encontrado em outros lugares. Os bancos e as lixeiras estão equipados com mecanismos e sensores que permitem que eles se movam pela praça para se reagrupar. Quando ninguém está sentado, o banco se move para um novo espaço a fim de orná-lo de modo mais atraente aos visitantes. Muitas vezes os bancos são reagrupados de maneiras distintas. Quando chove, eles se movem para lugares mais secos e protegidos. As lixeiras são mais solitárias e buscam espaços mais tranquilos.

Os bancos e as lixeiras deslocam-se lentamente pela praça, não mais rápido do que um ser humano passeando. Os sensores os fazem parar quando eles se aproximam de outros objetos. Às vezes, quando há pessoas sentadas na maioria dos bancos, eles começam a cantar, e as lixeiras se unem a eles com vozes de soprano.

IMAGINE

Os bancos e as lixeiras que andam e falam são frutos da imaginação, do poder que nos permite visualizar e sintetizar experiências nunca tidas. Os pensadores criativos podem imaginar-se na mente de outras pessoas, imaginar-se no lugar de outras pessoas, e até mesmo imaginar as forças da natureza. É por isso que Einstein costumava dizer que a imaginação é mais importante que o conhecimento.

Pense em como Einstein mudou a nossa compreensão do tempo e do espaço imaginando que as pessoas iam ao centro do tempo para congelar seus entes queridos, abraçando-os durante séculos. Esse espaço que ele imaginou é claramente a reminiscência de um buraco negro, onde, teoricamente, a gravidade pararia o tempo. Einstein também imaginou o coração de uma mulher pulando e se apaixonando duas semanas antes de conhecer seu grande amor, e isso o levou ao entendimento da causalidade, uma característica da mecânica quântica. Em outra ocasião, ele imaginou um besouro cego rastejando por uma esfera, certo de estar rastejando por uma linha reta.

Tente resolver o seguinte experimento mental antes de ler o parágrafo que o segue.

EXPERIMENTO MENTAL

Certa manhã, exatamente ao nascer do Sol, um monge budista começou a subir uma montanha muito alta. O caminho estreito, não mais do que de 60 centímetros de largura, seguia em espiral pela montanha até chegar a um templo brilhante no cume. O monge subiu pelo caminho a uma velocidade variável, parando muitas vezes para descansar e comer os frutos secos que levava consigo.

> Ele chegou ao templo pouco antes do pôr do Sol. Após vários dias de jejum e meditação, começou a jornada de volta pelo mesmo caminho, partindo ao nascer do sol e novamente caminhando a uma velocidade variável com muitas paradas. A velocidade média na descida foi, é claro, maior do que a velocidade média na subida. Existe algum ponto ao longo do caminho que o monge irá ocupar em ambas as viagens precisamente na mesma hora do dia?

Se tentarmos raciocinar logicamente ou se usarmos uma abordagem matemática, concluiremos que é improvável que o monge esteja no mesmo local à mesma hora do dia em duas ocasiões. Em vez disso, visualize o monge subindo a colina e, ao mesmo tempo, imagine o mesmo monge descendo a colina. As duas figuras devem se encontrar em algum ponto no tempo, independentemente da velocidade ou da frequência das paradas. Se o monge desce em dois dias ou três dias não faz diferença; o resultado final é o mesmo.

Agora, é claro que é impossível para o monge duplicar a si mesmo e subir e descer a montanha ao mesmo tempo. Contudo, isso é possível na imaginação, e é precisamente essa indiferença lógica, essa sobreposição de uma imagem sobre a outra, que nos leva à solução.

A concepção imaginativa do monge encontrando-se consigo mesmo combina as viagens de subida e descida da montanha e sobrepõe um monge ao outro no ponto de encontro. Os gregos antigos chamavam esse tipo de pensamento *homoios*, que significa "igual". Eles sentiam que essa forma de pensar era realmente uma espécie de imagem espelhada do processo do sonho, e isso os levou a revelações científicas e artísticas.

A imaginação nos dá a insolência de pensar que podemos tornar possível o impossível. Einstein, por exemplo, foi capaz de imaginar alternativas à sagrada noção newtoniana de que o tempo é absoluto, e descobriu que o tempo é relativo ao nosso estado de movimento. Pense nos milhares de cientistas que devem ter chegado perto da compreensão de Einstein, mas que não tiveram a imaginação necessária para formulá-la, por causa do dogma aceito de que o tempo é absoluto, e que consideraram, portanto, impossível contemplar qualquer outra teoria.

EXPERIMENTO MENTAL

Pense em algo que seja impossível de fazer no seu negócio, mas que, se fosse possível, mudaria para sempre a natureza desse negócio.

Pense em uma impossibilidade, então busque ter ideias que o deixem o mais próximo possível dessa impossibilidade. Por exemplo, imagine um automóvel que é uma criatura viva que respira. Faça uma lista dos atributos dos seres vivos. Por exemplo: respiram, envelhecem, reproduzem, sentem emoções e assim por diante. Em seguida, use todas as características que puder para projetar o seu automóvel. Por exemplo, você pode trabalhar com as emoções para transformá-las em algo que exista em um carro?

Os engenheiros japoneses da Toyota estão trabalhando em um carro[8] que, de acordo com eles, pode expressar estados de ânimo que variam de zangado a feliz e triste.

> O carro pode aumentar ou abaixar a altura em relação ao solo e "abanar" a antena como se fosse um cão. Vem equipado com um capô iluminado que muda de cor, e que se assemelha a olhos, sobrancelhas e até derrama lágrimas. O carro tentará aproximar-se dos sentidos do motorista baseando-se em dados armazenados em um computador de bordo. Assim, por exemplo, se outro carro invadir a pista de um carro expressivo, a combinação certa de desaceleração, pressão de freio e direção defensiva, com os dados do motorista, irá desencadear um olhar "raivoso".

A aparência raivosa é criada quando a parte dianteira do carro se ilumina com luzes vermelhas em formato de U, os faróis ficam encapuzados em um ângulo de 45 graus, e as luzes de "sobrancelha" inclinadas para baixo brilham em carmesim. Uma aparência agradável é sinalizada quando as luzes laranja iluminam a extremidade dianteira, um dos faróis pisca para o motorista cordialmente, e o carro abana a antena. Um olhar triste é azul, e "lágrimas" escorrem dos faróis.

---

[8] BALLARD, Chris. The car that emotes. **The New York Times**, 12 dez. 2004. Disponível em: <http://www.nytimes.com/2004/12/12/magazine/12CAR.html>. Acesso em: 29 set. 2022.

Pensamento criativo

Ampliar a imaginação tentando tornar possível o impossível por meio de pensamentos e de ações concretas é reflexo do processo de sonhos. Considerando que um sonho representa ideias abstratas como ações e imagens concretas, esse processo criativo funciona na direção oposta, usando ideias concretas (um carro vivo) para revelar pensamentos inovadores (carros que mostram emoções) por meio de imagens criativas.

10
Ideias vindas de Deus

SABEMOS MAIS DO QUE CONSEGUIMOS DIZER.

Imagine um agricultor que planta um nabo. Após algum tempo, o nabo não está se desenvolvendo como deveria, e o agricultor está infeliz. O agricultor arranca o nabo e o examina para ver se pode encontrar alguma falha. Ele então o limpa, corta algumas raízes e o replanta usando um processo diferente. Ao tentar controlar a natureza, o agricultor interferiu nela e produziu um nabo de qualidade ruim, se é que chegaria a crescer.

    O agricultor estava focado no controle, não no resultado. Quando o nabo começou a se desenvolver de forma indevida, ele o arrancou e experimentou outro método. Se o agricultor tivesse relaxado e deixado a natureza seguir seu caminho, teria descoberto que ela, com pouquíssima ajuda, faz todo o trabalho uma vez que a semente é plantada. Depois disso, tudo o que o agricultor deve fazer é afastar-se, dedicando-se a outras atividades.

    O mesmo desejo de controle é o que congela o pensamento e impede o livre jogo da consciência e da atenção. De certa forma, somos como o agricultor que interfere na natureza na tentativa de controlá-la. Observe a ilustração a seguir. Preste atenção no ponto e concentre-se.

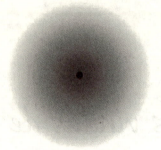

Ao focar a atenção no ponto preto por certo tempo, o fundo acinzentado desaparece. Imagine que o ponto seja o assunto em que você está pensando, e que o fundo seja a coleção de associações e conexões nebulosas e ambíguas juntamente com fragmentos de pensamentos não relacionados que fluem pela sua mente. Focar intensamente no assunto faz desaparecer esse tesouro de informações. Quanto mais você se concentrar, mais essas associações úteis desaparecerão.

Fazer uma pausa e se esquecer do problema permite que essa informação retorne e fique mais clara. Existe um termo chinês que descreve isso: *wuwei*, ou "não fazer". Isso não significa "não fazer nada", "não forçar". As coisas se abrirão de acordo com a própria natureza. E é isso o que acontece.

Cientistas cognitivos observaram que, após um período de incubação das ideias,[1] as pessoas têm 33% de probabilidade de inferir conexões entre elas. No entanto, esse aprimoramento do pensamento criativo ocorre completamente fora do radar; as pessoas são mais criativas quando se esquecem do problema por um tempo, sem perceber que o fizeram. É como se o período de incubação redefinisse a mente. Você está caminhando ou tomando banho e percebe: "Espere um pouco, há outra maneira de fazer isso".

---

[1] BERLIN, Leslie. We'll fill this space, but first a nap. **The New York Times**, 27 set. 2008. Disponível em: <http://www.nytimes.com/2008/09/28/technology/28proto.html>. Acesso em: 29 set. 2022.

VOCÊ ESTÁ SENDO OBSERVADO

O departamento de investigadores de uma delegacia tinha uma mesa com café e rosquinhas e uma placa que dizia: "Sirva-se. Por favor, faça uma contribuição de pelo menos um dólar para que possamos continuar oferecendo este serviço". Poucas pessoas contribuíam. A maioria saía de lá com café e rosquinhas grátis. Os psicólogos há muito estão cientes desse aspecto sombrio do comportamento humano: as pessoas tendem a ser mais honestas se souberem que estão sendo observadas. Quando ninguém está olhando, sentem que podem cometer um crime sem pagar por ele, ou pelo menos sair de um lugar com uma xícara de café grátis.

A secretária que iniciou a prática[2] tentou de todas as maneiras incentivar as contribuições, mas nada dava certo. Um dia, no trabalho, sentiu uma coceira tremenda no traseiro. Cuidadosamente olhou ao redor para ter certeza de que ninguém estava olhando, e coçou com vontade, para seu enorme alívio. Naquela noite, enquanto tomava banho, teve uma epifania súbita sobre o serviço de café: podia fazer as pessoas sentirem que estavam sendo observadas.

Acima do café e das rosquinhas, afixou um cartaz que continha um par de olhos. Uma coisa notável aconteceu em seguida. O pote de contribuições ficou prontamente cheio. Aparentemente, a mera sensação de sentir-se observado, mesmo por olhos que claramente não eram reais, foi suficiente para encorajar as pessoas a se comportarem honestamente. A secretária ficou chocada. Esperava um pequeno efeito, não a resposta obtida. Contou ao chefe de polícia o que havia acontecido. Intrigado, ele consultou psicólogos, que estudaram a atividade e fizeram alguns testes com outros tipos de cartazes. Satisfeito com a ideia de que o segredo era o "par de olhos", o chefe distribuiu cartazes pela cidade como parte de uma campanha chamada "Estamos de olho nos criminosos". Os psicólogos estão

---

[2] THOMPSON, Clive. The eyes of honesty. **The New York Times**, 10 dez. 2006. Disponível em: <http://www.nytimes.com/2006/12/10/magazine/10section1C.t-3.html>. Acesso em: 29 set. 2022.

estudando a campanha para ver se os cartazes têm algum efeito sobre delitos como roubo de carro e vandalismo. A secretária teve a ideia quando não estava pensando no problema.

PARE DE PENSAR

Um conhecido físico disse certa vez que todas as grandes descobertas da ciência foram feitas por cientistas que não estavam pensando no problema específico. Na década de 1970, Frank Wilczek,[3] do Instituto de Estudos Avançados de Princeton, Nova Jersey, deduziu como os núcleos dos átomos permanecem juntos, uma dessas raras descobertas de "conhecer a mente de Deus". A descoberta ocorreu quando ele estava analisando um problema totalmente diferente, na verdade uma força diferente da natureza. De repente, experimentou uma "pequena explosão mental" e percebeu que uma abordagem fracassada em uma área representava êxito em outra.

Da mesma forma, Bertrand Russell escreveu em *A conquista da felicidade:*

> Descobri, por exemplo, que, se eu tiver que escrever sobre algum assunto bastante difícil, o melhor plano é pensar sobre ele com grande intensidade, com a maior intensidade que puder, por algumas horas ou dias, e, ao final desse período, dar ordens, por assim dizer, para que o trabalho prossiga soterrado. Depois de alguns meses, volto conscientemente ao tópico e descubro que o trabalho foi realizado. Antes de descobrir essa técnica, eu costumava passar os meses intermediários sentindo-me preocupado por não estar fazendo progresso algum; não chegava a solução alguma por sentir enorme preocupação e desperdiçava esses meses intermediários.[4]

A incubação geralmente consiste em deixar um problema de lado por algumas horas, dias ou semanas e passar a trabalhar em outros projetos. Isso permite que o subconsciente continue trabalhando no

---

[3] BEGLEY, Sharon. The puzzle of genius. **Newsweek**, 27 jun. 1993. Disponível em: <http://www.newsweek.com/1993/06/27/the-puzzle-of-genius.html>. Acesso em: 29 set. 2022.

[4] RUSSELL, Bertrand. **The Conquest of Happiness**. New York: Liveright, 1996. p. 63.

desafio original. Quanto mais interessado você estiver em resolver o desafio, mais provável será que o subconsciente gere ideias. O ato criativo deve pouco à lógica ou à razão. Nos relatos das circunstâncias sob as quais grandes ideias lhes ocorreram, os cientistas muitas vezes mencionaram que a inspiração não teve relação com o trabalho que estavam fazendo. Às vezes, ela chegava enquanto viajavam, faziam a barba ou pensavam em outros assuntos. Parece que o processo criativo não pode ser ativado à vontade ou mesmo sob demanda. Parece ocorrer quando a mente está relaxada e a imaginação está vagando livremente.

Nos pontos de intersecção da seguinte ilustração em preto e branco aparecem pontos cinzentos. No entanto, eles não estão presentes na intersecção específica em que você concentra a atenção.

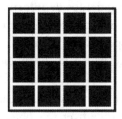

Às vezes, as ideias, como os pontos cinzentos, não aparecem quando estamos concentrados, mas surgem misteriosamente quando não estamos. A ciência moderna reconhece esse fenômeno de incubação, mas não consegue explicá-lo. Isso sugere como o ato criativo antes era associado à inspiração divina, pois a iluminação parece ser involuntária.

O compositor Paul Hindemith descreveu isso da seguinte forma: "Todos sabemos como é ver um raio à noite.[5] Em um segundo, vemos uma paisagem ampla, não apenas em linhas gerais, mas também cada detalhe". Embora nunca pudéssemos descrever cada componente da imagem, sentimos que nem mesmo a menor folha de um arbusto escapa à nossa atenção. "Experimentamos uma

---

[5] HINDEMITH, Paul. **A composer's world**. Gloucester, MA: Peter Smith Pub., 1969. p. 70–72.

visão abrangente e, ao mesmo tempo, imensamente detalhada", que jamais poderíamos ter em condições normais à luz do dia. Os nossos nervos e sentidos podem ficar tensos pela rapidez do evento. O gênio francês Henri Poincaré[6] falou de ideias e compreensões incríveis que surgiram subitamente e eram certeiras como um forte raio noturno. A chegada repentina de uma ideia pode parecer tão dramática que o momento é lembrado com precisão de detalhes.

NUVENS DE PENSAMENTO

Imagine os pensamentos como átomos pendurados por ganchos nas laterais da mente. Quando pensamos em um assunto, alguns desses pensamentos ficam soltos e começam a se mover pela mente subconsciente. Quanto mais trabalho é dispensado sobre um problema, mais pensamentos e fragmentos de informações são definidos em movimento aleatório. Sua mente subconsciente nunca descansa. Quando paramos de pensar no assunto e decidimos esquecê-lo, a mente subconsciente não para de funcionar. Os pensamentos continuam colidindo, combinando e fazendo associações.

Em matemática, o fatorial calcula de quantas maneiras se podem combinar as coisas. Se você tiver três objetos, é possível combinar um vezes dois vezes três, o que dá seis combinações. Os matemáticos calculam que dez fragmentos de informação podem se combinar e se recombinar em 3 milhões de maneiras diferentes na mente. Dessa forma, é possível imaginar a nuvem de pensamentos combinando e fazendo associações enquanto os problemas estão incubados.

Procure fazer o experimento mental a seguir.

EXPERIMENTO MENTAL

Peça a alguém que leia lentamente a seguinte lista em voz alta. (Se não houver alguém por perto, leia a lista para si mesmo e feche o livro.) Reserve 3 minutos para anotar por escrito todas as palavras das quais se lembrar.

---

[6] Para mais informações sobre Poincaré, veja JULES Henri Poincaré. In: School of Mathematics, University of St. Andrews, Scotland, 2003. Disponível em: <https://mathshistory.st-andrews.ac.uk/Biographies/Poincare/>. Acesso em: 29 set. 2022.

> **azedo boa bala**
> **mel açúcar refrigerante**
> **amarga torta boa**
> **coração sabor bolo**
> **dente bolacha chocolate**
>
> Compare as palavras que você escreveu com a lista original.

A maioria das pessoas se lembra falsamente da palavra "doce" como se estivesse na lista. A palavra não está lá, mas está relacionada com as palavras que estão na lista. Pensar é associativo, e pensar em uma coisa pode levá-lo a pensar em outras coisas que estão relacionadas.

Encontrei um paralelo interessante a esse processo ao ler um comentário de Rupert Sheldrake sobre a fisiologia das plantas:

> As plantas anuais,[7] que morrem após a frutificação, não precisam guardar nada em reserva. Dão tudo o que têm, continuando a formar frutos até que ficam sem recursos, com o resultado de que os frutos formados no fim da estação vão ficando cada vez menores. Por outro lado, em plantas perenes, que precisam de uma reserva para o ano seguinte, os frutos que se formam no começo e no final da estação são mais ou menos do mesmo tamanho. As plantas perenes dão menos frutos que sua capacidade total, porque guardam reservas para a estação seguinte.

Somos como as plantas perenes de certa forma: quando estamos trabalhando em um problema, chegamos a um ponto em que o nosso cérebro desliga. Talvez esta seja a maneira de a natureza nos ajudar a guardar algo como reserva para reflexões futuras, após a informação ter sido incubada por um período de tempo.

A seguir, observe um processo notável de conexão com o subconsciente.

> **EXPERIMENTO MENTAL**
>
> Trabalhe em um problema até ter refletido sobre todos os fragmentos de informação relevantes. Converse com outras pessoas sobre

---

[7] SHELDRAKE, Rupert, em Edge.org. <http://www.edge.org/discourse/self.html.> [Link consultado pelo autor não disponível na data de publicação desta obra. (N.E.)]

> o problema, faça perguntas e o máximo de pesquisa que puder até estar convencido de haver levado a sua mente ao limite.
>
> Escreva uma carta sobre o problema para a mente inconsciente. A carta deve ser o mais detalhada e específica possível. Defina o problema, descreva os atributos, os passos dados, as dificuldades, as lacunas, aquilo de que você necessita, o que você quer, e assim por diante. O simples fato de escrever a carta ajudará você a definir melhor o problema, a esclarecer questões, a apontar quais informações ainda faltam e a preparar o inconsciente para trabalhar em uma solução. A carta deve ser lida como se tivesse sido escrita para uma pessoa real. Imagine que o inconsciente é onisciente e pode resolver qualquer problema que seja afirmado com clareza.
>
> Instrua o inconsciente a encontrar a solução. Escreva: "Sua missão é encontrar a solução para o problema. Gostaria da solução em dois dias". Sele a carta e guarde-a. Você pode até enviá-la para si mesmo.
>
> Deixe o problema de lado. Não trabalhe nele. Esqueça-o. Faça outra coisa. Esse é o período de incubação, e boa parte do que acontece está fora do foco de consciência; está no inconsciente. Abra a carta em dois dias. Se o problema ainda não foi resolvido, escreva na parte inferior da carta: "Avise-me assim que conseguir resolver isso" e volte a guardá-la. Cedo ou tarde, quando você estiver mais relaxado e afastado do problema, a resposta irá magicamente aparecer na sua mente.

Bert, o diretor criativo de uma agência de publicidade, contou-me sobre uma carta endereçada à sua mente subconsciente, a qual chamou de "Especialista Secreto":

Como vai, Especialista Secreto?
   Não tenho notícias suas há algum tempo, então pensei em escrever-lhe uma carta. Preciso da sua ajuda com um problema. Preciso apresentar uma nova e empolgante campanha de marketing para introduzir uma nova temporada de programas de televisão. Os programas incluem séries sobre perícia criminal, concursos de prêmios, séries de advogados e comédias. Tenho interesse em desenvolver uma campanha que chame a atenção do público de uma vez por todas. A abordagem da campanha deve ser única e inesperada.
   Tivemos várias reuniões, mas continuamos apresentando as mesmas velhas ideias das campanhas de marketing tradicionais. Do que as pessoas necessitam? Existe algo que podemos anunciar? Que tipo de bens, produtos, alimentos e serviços devemos investigar?

Quais produtores, distribuidores e varejistas devemos estudar? Podemos combinar os nossos serviços com os de outra empresa? Precisamos dividir a receita?
    Preciso de uma abordagem fresquinha para essa publicidade. Sua missão é me apresentar uma nova ideia sobre como anunciar os programas de televisão. Preciso disso em dois dias. Ajude-me!!!
Obrigado,
Bert

    Bert enviou a carta para si mesmo pelo correio e a recebeu de volta em dois dias. Quando leu o que havia escrito, teve a inspiração de anunciar não em caixas, mas nos próprios ovos de galinha. De onde veio a conexão? Foi uma associação entre "alimentos", "necessidade", "produtores" e "abordagem fresquinha" que o fez pensar em "ovos frescos?"

    Ele providenciou impressões a laser do logotipo da rede, bem como nomes de alguns dos programas, em 35 milhões de ovos. Veja alguns dos programas e os slogans[8] planejados, conforme relatado no *The New York Times*: *CSI* ("Quebre a casca na CBS" — alusão à solução do caso como a quebra da casca de um ovo), *The Amazing Race* ("Mexa para vencer na CBS" — alusão aos ovos mexidos para vencer o programa) e *Shark* ("Drama gema dura" — alusão ao drama ser tão intenso quanto um ovo de gema dura). Os anúncios para a programação de comédia de segunda à noite incluíam "Tire o riso da casca", "Lado engraçado para cima" (alusão à expressão *Sunny side up* — que é a gema virada para cima) e "Deixe as gemas para nós".

    Como o artigo observou, a maioria dos compradores olha para os ovos mais de uma vez. Eles são examinados cuidadosamente no mercado para ver se não estão danificados, depois, ao serem tirados da caixa, ao serem colocados na geladeira e quando estiverem prontos para serem usados e quebrados. Os ovos são diferentes de qualquer outro meio de anúncio no mundo, porque olhamos para esse meio durante o uso do produto. Uma vez que os produtores de ovos, os

---

[8] JOACHIM, David S. For CBS's fall lineup, check inside your refrigerator. **The New York Times**, 17 jul. 2006. Disponível em: <www.nytimes.com/2006/07/17/business/media/17adco.html>. Acesso em: 29 set. 2022.

distribuidores e os varejistas descobriram que todos poderiam usufruir dos benefícios dos anúncios, ficaram encantados com o conceito.

Veja outro experimento mental para praticar na próxima vez que precisar tentar ativar a mente subconsciente.

EXPERIMENTO MENTAL

1 Primeiro, desenhe três composições abstratas usando formas de qualquer tipo ou contorno. Trabalhe rápido; use a intuição.

2 Selecione uma das composições. Identifique as características da forma escolhida que mais contribuem para sua característica essencial. Por exemplo, uma forma abstrata pode sugerir algo suave e rápido, lento e volumoso, grosso, denso, superficial e assim por diante.

3 Faça outro desenho que capture o gesto essencial das linhas e formas do primeiro desenho. Não o reproduza exatamente. A ideia é captar a essência.

4 Estude o desenho e imagine o que ele representa. O que poderia representar? Uma nuvem, um oceano, um gato, o rosto de um bebê, um soldado, um carro e assim por diante.

5 Finalmente, combine conceitualmente o que você vê no desenho com um problema em questão.

Um designer imaginou que seu desenho final representava uma abelha zumbindo. Isso o fez pensar na relação entre os projetos e a natureza. Pensou nas abelhas e nos produtos que criam, como cera e colmeias. Decidiu fazer vasos de cera de abelha. Descobriu por acidente que, quando colocadas em vasos de cera de abelha que contêm própolis — um agente antibacteriano que protege contra a decomposição biológica —, as flores duram mais do que nos vasos de cerâmica.

Todos temos a sensação de que sabemos mais do que conseguimos expressar. Se deixo uma fotografia do rosto do seu melhor amigo entre 1 milhão de outros rostos, você conseguirá encontrá-la. No entanto, não será capaz de verbalizar como conseguiu fazê-lo.

Walt Whitman escreveu em *Folhas de relva*: "Acredito que uma folha de relva é nada menos do que a jornada das estrelas". Como ele pensou nessa frase? Como poderia saber que todo o universo compartilha um conjunto comum de elementos? Ele nasceu sabendo o que é a nucleossíntese da supernova? Onde aprendeu que os elementos se criam no espaço distante, nas explosões de estrelas? Como poderia saber que as estrelas expulsam a maior parte da massa durante as supernovas, dando origem aos elementos que posteriormente se combinam na Terra, originando todos os demais elementos, até mesmo uma folha de relva? Será que ele tinha alguma lembrança profunda de ter vindo das estrelas? É por isso que achamos sua poesia compreensível e bela?

O experimento a seguir consegue notavelmente eliminar pensamentos obscuros, palpites e outras combinações do subconsciente. É também o exercício favorito de muitos para superar o bloqueio de escritor.

EXPERIMENTO MENTAL

Reserve 10 minutos. Simplesmente liste o que vier à sua mente (palavras, frases, fragmentos de pensamento, etc.). A ideia é tentar trazer pensamentos e sentimentos do subconsciente. Quando tiver terminado, não revise o que escreveu. É importante fazer isso 10 minutos por dia, durante cinco dias, sem revisar a lista.

No sexto dia, reveja tudo o que escreveu, começando pelo primeiro dia. Circule as frases, os pensamentos e as metáforas que pareçam mais interessantes. Liste os itens circulados. Em seguida, procure padrões, relacionamentos e compreensões sobre as coisas em que você tem trabalhado.

Você descobrirá aspectos das relações entre pensamentos, fatos ou experiências que foram mantidos separados uns dos outros na sua mente consciente. A mente subconsciente estabelece conexões intuitivas.

Jack é um professor que vinha conduzindo discussões com alunos preocupados com o meio ambiente e com a sustentabilidade. Durante cinco dias, fez uma lista do que lhe veio à mente, depois revisou a lista procurando fragmentos e padrões de pensamento. Alguns dos pensamentos circulados eram "pobres na África", "sabão e água", "a limpeza o aproxima da santidade", "Cruz Vermelha", "maneiras de reciclar água em hotéis", e assim por diante.

Revendo os pensamentos, combinou "sabão", "reciclagem" e "hotéis" na mesma ideia. Pensou em todas as pequenas barras de sabonetes que os hotéis oferecem. As pessoas as usam uma ou duas vezes, e estas depois são descartadas. Ele criou uma organização voluntária para recolher todas as sobras de sabonete de cerca de 200 hotéis e pousadas na cidade. Os hotéis têm isenção de impostos para doar o sabonete usado para uma causa de caridade. O grupo higieniza o sabonete e o recicla, doando para abrigos de sem-teto nos Estados Unidos e em El Salvador, Honduras e Nicarágua, onde são necessários.

O QUE UM OVO E O SUBCONSCIENTE TÊM EM COMUM?

Imagine um ovo em um ninho de palha, propõe Silvia Hartmann.[9]

> Não faz nada e não emite som. Não muda de forma, não muda de cor. Não pulsa. Não rola por aí. Podemos olhar para ele por dias e dias e concluir que se trata de um objeto inerte, que não há nada acontecendo dentro dele.
>
> No entanto, dentro do ovo está ocorrendo um tumulto de mudanças, uma tempestade de reorganização, alimentação e crescimento, pois um monte de células aleatórias transforma-se em uma entidade. Essa entidade em crescimento torna-se cada vez mais definida e mais complexa, mais organizada em todos os sentidos, mais madura, mais fantástica a cada batida do coração.
>
> Um dia, o ovo que ficou imóvel por tanto tempo e parecia ser inerte vai começar a balançar, e então vai rachar, e um pássaro emergirá, finalmente abrindo as asas pela primeira vez e dando os primeiros pequenos passos.

Penso no ovo como uma bela metáfora para a mente subconsciente. Ela é um recurso maravilhoso. Quando aprendemos a ouvi-la, é como se ouvíssemos um ovo se abrindo, seguido por pensamentos cada vez menos convencionais que surgem no subconsciente como pequenos pássaros que emergem dos ovos.

---

[9] HARTMANN, Silvia. Metaphor story about change: the egg. In: **Silvia Hartmann.com.** Disponível em: <http://silviahartmann.com/metaphor-teaching-story-egg.php>. Acesso em: 29 set. 2022.

PARTE 2
O pensador criativo

Não seja a pessoa que vê o Sol como uma mancha amarela no céu; seja a pessoa que vê uma mancha amarela em uma calçada suja como se fosse o Sol.

Na sociedade atual, há uma tendência quase universal de ignorar a interconexão dinâmica entre todas as coisas. Quando olhamos a ilustração a seguir de dois círculos concêntricos e focamos o ponto e, em seguida, movemos a cabeça lentamente para trás, algo curioso acontece. Os círculos no diagrama bidimensional começam a girar. Supostamente, isso não é possível, e, ainda assim, vemos acontecer. Para que essa ilusão funcione, é preciso que as formas inclinadas dos círculos sejam organizadas corretamente, que exista o ponto para focar e que haja interação com a ilustração enquanto movemos a cabeça para trás. Qualquer alteração entre os elementos ou na forma de interação (por exemplo, não afastar a cabeça) impedirá que a ilustração ganhe vida.

Pensamento criativo

Da mesma forma, existem várias partes que compõem uma pessoa de pensamento criativo, e todas estão interconectadas. Se você mudar uma parte, afeta todas as outras.

Antes de continuar, pense na frase "O rato está confinado em uma caixa". Uma caixa pode ser feita pregando-se seis tábuas juntas. Contudo, é óbvio que nenhuma caixa pode conter um rato, a menos que a caixa tenha uma "contenção". Se você estudar cada uma das tábuas, descobrirá que nenhuma poderá conter o rato, já que ele pode simplesmente escapar dela. E, se não há capacidade de contenção em uma tábua, não haverá em seis. Portanto, a caixa pode não apresentar a contenção. Teoricamente, o rato consegue escapar.

O que mantém o rato confinado? Claro que é a forma segundo a qual a caixa impede o movimento em todas as direções, porque cada tábua da placa impede que o rato escape em determinada direção. O lado esquerdo impede que ele vá para a esquerda; o direito impede que vá para a direita; o lado de cima impede que salte, etc. O segredo da caixa está em como as tábuas estão dispostas para evitar o movimento em todas as direções! É isso o que significa "contenção". Portanto, é tolice esperar que cada tábua sozinha efetue a contenção.

A razão pela qual uma caixa não parece misteriosa é que entendemos perfeitamente que tábua alguma pode conter algo por si só, e que as tábuas de uma caixa bem-feita impedem o movimento em qualquer direção. Algo semelhante se aplica à palavra "criativo" para descrever os menores componentes de um processo, porque essa palavra foi inventada para descrever como os componentes maiores interagem. Assim como a "contenção", a palavra "criativo" é usada para descrever fenômenos que resultam de determinadas combinações das relações.

Da mesma forma, o pensador criativo é o resultado da combinação e da interação de certos traços humanos específicos. Primeiro, é preciso ter a intenção e o desejo de ser criativo; segundo, devem-se cultivar conscientemente padrões positivos de fala e de pensamento; por último, deve-se agir como um pensador criativo e realizar os movimentos necessários para expressar a criatividade todos os dias. Esses são os assuntos dos três capítulos a seguir.

11
A intenção é a semente do pensamento criativo

> Não é porque as coisas são difíceis que não nos arriscamos;
> é porque não nos arriscamos que elas se tornam difíceis.
> SÊNECA

Muitos de nós temos a ilusão de que pensamos de forma abrangente, mas isso não acontece de fato. Não podemos absorver grandes quantidades de informações, assimilá-las e torná-las valiosas de maneira significativa; tomamos as informações de forma sequencial. Não é possível processar simultaneamente múltiplos estímulos intensos e torná-los eficazes de uma só vez.

É possível demonstrar isso realizando o seguinte experimento mental.

EXPERIMENTO MENTAL

Visualize o alfabeto em letra maiúscula.
A..Z
Quantas letras têm linhas "curvas"?

Observe como você pensa. Veja as letras piscarem uma a uma na sua frente, sequencialmente, não espontaneamente. É como assistir a uma apresentação de slides. Não pensamos mais rápido do que a velocidade da vida. Se você ainda não tiver certeza, tente contar de 0 a 100 de três em três, e de 100 a 0 de sete em sete, simultaneamente.

Como pensamos sequencialmente, mas não mais rápido que a velocidade da vida, não podemos prestar atenção em tudo de forma eficaz. A nossa atenção torna-se muito dispersa para ser útil. Descobriremos que a intenção cria critérios, o que determina em que prestamos atenção em determinado momento entre a gama de experiências, e isso nos ajuda a alcançar os objetivos.

Imagine que a intenção seja fazer uma canoa. Primeiramente, é preciso ter alguma ideia do tipo de canoa que você deseja fazer. Visualize a canoa e depois vá para a mata à procura de árvores. O resultado desejado determinará os critérios de escolha para a árvore. Os critérios podem envolver o tamanho, a utilidade e a beleza da árvore, assim como o design. Os critérios filtram as percepções e conferem significado a uma situação particular, conformando a experiência e a conduta da ocasião. Das muitas árvores da mata, você acabará se concentrando nas poucas que atendem aos critérios estabelecidos, até encontrar a árvore perfeita.

Você cortará a árvore, removerá os galhos do tronco, tirará a casca, deixará o tronco oco, esculpirá a superfície externa do casco, formará a proa e a popa, e talvez depois faça decorações na proa. É assim que a canoa será fabricada.

O processo é tão comum, tão simples e tão direto que não conseguimos ver a beleza e a simplicidade envolvidas. Existe a intenção de fazer uma canoa, visualizando um resultado e produzindo algo por inteiro. A intenção de fazer uma canoa mostra uma direção e ainda impõe critérios sobre as escolhas, sejam elas conscientes ou inconscientes.

A intenção tem a capacidade de levar a nossa consciência para coisas que o nosso cérebro considera importantes. Aos poucos, você começará a ver ideias para a canoa aparecendo em todos os lugares ao redor. Verá canoas em mesas, em revistas, na televisão e em outras estruturas ao caminhar pela rua. Verá canoas nas coisas mais improváveis, como em uma geladeira, que você usa todos os dias sem dar muita importância. Como o cérebro realiza tais milagres é um dos grandes mistérios da neurociência.

OS PENSAMENTOS SÃO PEQUENOS GIROS

Quando crianças, todos brincávamos com ímãs. Um objeto magnetizado[1] consiste em uma infinidade de pequenos elementos chamados "giros" (veja a ilustração a seguir). Cada giro tem uma orientação particular correspondente à direção do campo magnético. Em geral, esses giros apontam para direções diferentes, de modo que os campos magnéticos se cancelam (os giros desordenados estão ilustrados à esquerda). Os giros que apontam para direções opostas se repelem, como ocorre quando os polos iguais dos ímãs são unidos.

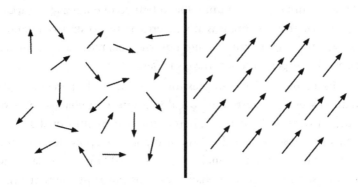

No entanto, quando a temperatura diminui, os giros se alinham espontaneamente, apontando todos para a mesma direção. Em vez de se cancelarem, os diferentes campos magnéticos potencializam-se entre si, fortalecendo-se. Os giros que apontam para a mesma direção se atraem de forma mútua, da mesma maneira que o polo norte

---

[1] HEYLIGHEN, Francis. The science of self-organization and adaptivity. **Academia.edu**, 2002. Disponível em: <http://vub.academia.edu/FrancisHeylighen/Papers/249586/The_science_of_self-organization_and_adaptivity>. Acesso em: 29 set. 2022.

de um ímã atrai o polo sul de outro. O magnetismo é um bom exemplo de como as forças alinhadas na mesma direção se atraem e se reforçam mutuamente para criar um padrão dinâmico e natural. Na imagem da esquerda, o padrão é inconsistente e incoerente; na imagem da direita, o padrão é reto, coerente e dinâmico.

Imagine os pensamentos como pequenos giros no cérebro. Se você não tiver intenção de ser ou de fazer algo, eles ficam desordenados, sem direção, assim como os pequenos giros à esquerda. Quando há uma real intenção de ser ou de fazer algo, os pensamentos têm propósito e alinham-se automaticamente uns com os outros para formar um estado de consciência dinâmico e orientado pela intenção.

Esse estado mental é evidente no trabalho de Hashem Akbari, um ambientalista e cientista do Lawrence Berkeley National Laboratory, que está sempre pensando em maneiras de compensar as emissões de dióxido de carbono. A intenção de ajudar a salvar o meio ambiente orienta as observações na vida cotidiana. Certo dia, ele notou uma casa com um telhado branco que o fez lembrar das "grandes estruturas brancas no deserto iraniano da sua infância. As estruturas capturavam o vento noturno para refrescar os edifícios, mantendo as pessoas confortáveis lá dentro". [2]

Essa observação o impressionou porque ele percebeu que materiais escuros absorvem o calor e que os telhados brancos repelem o calor. Refletindo, perguntou a si mesmo qual seria o efeito se todos os telhados fossem brancos. Depois de fazer um estudo sobre o assunto, concluiu que, se as 100 maiores cidades do mundo substituíssem os telhados escuros por superfícies claras, e as estradas asfálticas por concreto ou outros materiais de cor clara, isso poderia compensar a emissão de 44 bilhões de toneladas de

---

[2] Veja essa discussão em BERTON, Justin. Hashem Akbari's cool Anti-global-warming plan. **SFGate.com**, 20 fev. 2009. Disponível em: <http://articles.sfgate.com/2009-02-20/entertainment/17190759_1_global-warming-Carbon-dioxide-climatic-change>. Veja também em: AKBARI, Hashem, ROSENFELD, Arthur H. White roofs cool the world, directly offset CO2 and delay global warming. **LBNL Heat Island Group**, 10 nov. 2008. Research Highlights, p. 2. Disponível em: <https://heatisland.lbl.gov/publications/white-roofs-cool-world-directly>. Acesso em: 29 set. 2022.

dióxido de carbono. De acordo com o Island Group de Akbari, "isso equivale a tirar cerca de 600 milhões de carros das estradas do mundo por dezoito anos".

A intenção de Akbari sintonizou o cérebro para um nível mais alto, o que aumentou substancialmente a probabilidade de perceber as oportunidades que se apresentavam ao redor. Como Scott Adams escreve:

> O cérebro processa apenas uma pequena parte do entorno, pois corre o risco de ficar sobrecarregado com o enorme volume de informações que o bombardeia a cada momento. O cérebro compensa filtrando os 99,9% dos estímulos que menos importam.[3]

EXPERIMENTO MENTAL

Se você se deparasse com essa lista de cinco itens fora de contexto, ela não faria sentido para você. Poderia ignorá-la e seguir em frente. No entanto, fará sentido se eu lhe disser que todos os cinco itens têm algo em comum com partes de um rosto humano e se eu desafiá-lo a pensar em quais são essas partes, pois você passará a ter a intenção de localizá-las. A intenção sintonizará a mente em um nível mais alto, aumentando a probabilidade de encontrar as respostas.

Canhões
Bolas de futebol
Engrenagens
Batatas
Sapato

(Ver as respostas ao final do capítulo.)

A intenção funciona. Faça outro experimento simples: concentre-se em uma moeda. Visualize-a. Agora diga a si mesmo silenciosamente que você encontrará uma moeda no chão. Então, procure a moeda toda vez que der um passeio. Concentre-se

---

[3] ADAMS, Scott. **God's Debris: a thought experiment**. Kansas City, MO: Andrews--McMeel, 2001. p. 117.

Pensamento criativo

em encontrar uma moeda. Depois de encontrar uma moeda, procure outra. Quanto tempo levou para encontrar a primeira moeda? Compare o tempo que você levou para encontrar a segunda moeda com o tempo que levou para encontrar a primeira. Agora procure uma terceira, quarta, quinta, e assim por diante. Você irá se surpreender com a quantidade de moedas perdidas por onde passa.

Agora observe a ilustração com borrões de tinta a seguir. Antes de continuar a leitura, pense um pouco e imagine o que ela representa. Sem dúvida, você poderia imaginar uma variedade de coisas. Os borrões poderiam representar um mapa de parte do mundo, o rosto de uma criança, a Terra vista de um satélite, tinta branca espalhada em uma parede preta, uma vista do céu pela folhagem da selva, uma forma de vida alienígena, forças energéticas causadas por visões políticas de oposição, rostos ocultos, qualquer coisa na verdade.

Agora, suponha que eu diga que há uma vaca escondida na ilustração e peça para você encontrá-la. Se você acreditar que não pode haver uma vaca na ilustração ou que, talvez, haja ou não uma vaca na ilustração, será difícil encontrar a vaca. Você dedicará tempo e energia imaginando todas as razões pelas quais não há uma vaca ali. Contudo, se você acredita que há uma vaca e pretende encontrá-la, então a encontrará. Pense: "Preciso encontrar a vaca". Pode ser que demore alguns minutos, mas vai acontecer. Encontrará uma vaca olhando para você.

Como isso é possível? Como é possível ver uma vaca simplesmente procurando uma vaca em um esboço com borrões sem sentido? O desenho não muda. Os olhos não mudam nem melhoram. A única mudança é a intenção. A intenção de encontrar uma vaca gera a consciência mental sobre ela. Essa consciência organiza os borrões de várias maneiras na mente até que a vaca seja encontrada.

PASSANDO PELOS MOVIMENTOS

EXPERIMENTO MENTAL

Pegue uma folha de papel e separe pelo menos dez objetos — dinheiro, cartões de crédito, chaves, moedas, etc. Crie uma composição de acordo com as orientações a seguir.

Imagine uma obra que represente metaforicamente quem você é. Não pense nos materiais que você tem em mãos. Em vez disso, pense na forma que gostaria que a composição tivesse. Que ritmo deseja? Qual textura? Onde quer que seja ativa? E passiva? Onde as coisas se sobrepõem e onde ficam isoladas? Pense de maneira geral na imagem como um todo, deixando de fora os detalhes. Não pense em tentar criar uma arte grandiosa; pense apenas em quem você é e como pode representar a si mesmo metaforicamente.

Agora esboce uma ideia mais específica da composição final. Ao olhar para o papel, imagine a montagem detalhada que deseja criar. Certifique-se de ter formado essa imagem antes de passar para a etapa seguinte.

Coloque os elementos no papel. Como a etapa de composição já está concluída, é hora de materializar a criação.

Quando terminar, decida quão próxima a composição final está da ideia inicial. Critique-a. Olhe para a obra em si, independentemente de ter sido criada por você. Em seguida, retire itens do papel e repita o mesmo procedimento. Volte a compor a obra.

Ao conceituar e usar materiais que tinha em mãos, você criou uma composição artística do nada. Se realizar esse experimento com objetos diferentes todos os dias, irá se tornar um artista especializado em reorganizar objetos em diferentes formas de arte. A intenção e a atividade criativa desencadeiam conexões sinápticas no cérebro, ativando assim os genes ligados ao que você está fazendo — trata-se da resposta a um desafio do entorno (criar uma obra de arte).

Gosto de comparar isso com o levantamento de pesos. Se você quiser desenvolver músculos, precisará levantar pesos. Esses genes são ativados apenas em resposta a um desafio do entorno. Para isso, é preciso que você continue levantando pesos cada vez mais pesados. A expressão "Sem dor não há resultados" pode ser literalmente verdadeira nesse caso. A interação com o entorno ativa certos genes que de outra forma não seriam ativados. Na verdade, eles ficarão embotados se não forem desafiados.

O mesmo acontece com os processos de pensamento. Quando você pensa de forma não convencional e produz ideias criativas, reabastece neurotransmissores ligados a genes que são ativados e desativados em resposta à atividade cerebral que está respondendo a desafios. Ao realizar os movimentos para criar uma composição, você está energizando o cérebro ao aumentar o número de conexões entre os neurônios. Quanto mais vezes você agir, mais ativo estará o cérebro e mais criativo se tornará.

QUADRO DE INTENÇÕES

Psicólogos sociais conduziram numerosos experimentos que demonstram que o comportamento e o desempenho podem ser "potencializados" mostrando aos participantes certos objetos e imagens. Em um estudo, os participantes que foram expostos a imagens associadas a negócios, como pastas, canetas, fotografias de pessoas vestidas com roupas de negócios, trens suburbanos e assim por diante, tornaram-se mais competitivos. O psicólogo social Michael Slepian e colegas da Universidade de Tufts notaram, durante um estudo sobre "ideias brilhantes", que os participantes se tornaram mais perspicazes e criativos quando foram preparados sendo expostos à luz de uma lâmpada. Em suma, descobriram que até mesmo a exposição a uma lâmpada estimula a criatividade.

Uma maneira de se preparar para a criatividade é gerar uma consciência do que se quer ser ou realizar. Isso pode ser feito com a elaboração de um "quadro de intenções". Trata-se de um quadro grande, do tamanho de um pôster, em que é possível colar imagens, provérbios, artigos, poemas e outros elementos coletados de revistas e de outras fontes. É simples. A ideia é cercar-se de imagens que o façam lembrar da sua intenção (o que você quer criar ou quem deseja se tornar) e, no processo, encorajar o crescimento da paixão e da consciência. Coloque o quadro de intenções em uma superfície que lhe permita trabalhar nele e tente realizar o seguinte experimento mental.

EXPERIMENTO MENTAL

Pergunte a si mesmo o que você quer ser ou criar. Talvez a resposta seja uma palavra. Talvez apareçam imagens na sua mente. Posicione a palavra ou imagem no meio do quadro de intenções.

Suponha que você queira criar um novo negócio. Posicione as palavras "Novo Negócio" ou uma imagem que o represente no centro do quadro. Agora, observe revistas e outras fontes e separe imagens, poemas, artigos ou manchetes relacionados a empreendedores e novos empreendimentos. Divirta-se com isso. Separe o máximo de imagens, palavras e frases que conseguir. Revise todos os elementos e posicione os favoritos no quadro. Se adicionar novos, elimine os que achar que não fazem mais sentido. É aí que a intuição entra. À medida que você acrescentar peças ao quadro, perceberá que a noção de como ele deve ser montado irá aumentar. Por exemplo, é possível atribuir um tema a cada canto do quadro, como "O que tenho", "O que terei", "Do que preciso" e "Como obter aquilo de que preciso".

Pendure o quadro na parede e continue acrescentando novas peças que parecerem mais relevantes e removendo as que não fizerem mais sentido. Estude e trabalhe nisso todos os dias. Você descobrirá que o quadro adicionará clareza aos seus desejos e sentimento à sua visão, gerando consciência das coisas ao redor que podem ajudá-lo a concretizar a sua ideia.

O meu cunhado queria ser artista. Seu quadro de intenções foi uma colagem de fotografias de quadros e artistas, de poesia sobre arte e de artigos sobre artistas e seus trabalhos. Com o tempo, ele começou a se imaginar conversando com as diversas imagens representadas. Um quadro que mexeu com ele foi *Noite estrelada*, de Vincent van Gogh. Ele se concentrava no quadro e mantinha conversas imaginárias com a obra. Quanto mais se envolvia com o quadro, mais vivo este parecia estar. Fazia perguntas ao quadro, tais como: "O que inspirou o artista a pintá-lo? Qual era sua visão de mundo? Que opinião tinha em relação a seus contemporâneos? Como o artista conseguiu se comunicar ao longo dos séculos? O que o artista estava comunicando?". Perguntava como as cores combinavam e indagava sobre as linhas, as formas e os estilos.

O meu cunhado, que antes era um funcionário público infeliz, é agora um artista de sucesso que fez várias exposições de seu trabalho e teve muitas peças vendidas. Com o quadro de intenções, criou um entorno que influenciou sua visão sobre a arte e seu papel no mundo. O quadro preparou sua mente subconsciente, que, por sua vez, influenciou sua psicologia.

Imagine uma pessoa que seja consciente de todas as cores,

> exceto determinado tom de azul.[4] Organize então todos os diferentes tons de azul diante da pessoa, menos aquele, deixando-os em ordem do tom mais profundo de azul para o mais claro. É provável que a pessoa perceba um vazio no local em que o tom está ausente, notando que a distância é maior entre as cores contíguas do que entre quaisquer outras.

Em seguida, ela irá imaginar como deve ser essa tonalidade em particular, embora nunca a tenha visto. Isso não seria possível se ela não tivesse visto todos os diferentes tons de azul.

Da mesma forma, à medida que o seu quadro evolui e se torna cada vez mais sofisticado, é possível perceber espaços em branco onde houver alguma ausência. Assim, você começará a imaginar maneiras de preencher os espaços em branco para que a sua visão se realize.

---

[4] HUME, David. **Treatise on human nature**. New York: Oxford University Press, 1978. p. 162.

Veja se consegue resolver o seguinte experimento antes de continuar a leitura.

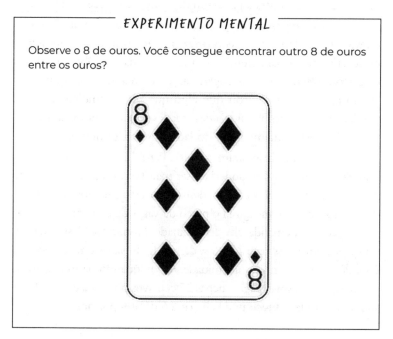

EXPERIMENTO MENTAL

Observe o 8 de ouros. Você consegue encontrar outro 8 de ouros entre os ouros?

O cérebro se torna uma ferramenta extraordinária de reconhecimento de padrões quando você focaliza a intenção. Além de identificar o que está faltando, você poderá começar a pensar em alternativas que substituam essa "ausência" no quadro de intenções. E começará a ver mais o que está ali. No experimento anterior, o 8 adicional pode ser encontrado no espaço negativo (em branco) entre os ouros.

Um inventor conhecido meu usa uma parede inteira da oficina para postar artigos, quadros, fotografias, notas pessoais, e assim por diante. Ele reflete, olhando para a parede, quase diariamente. O tema geral é "oferta e demanda". Está constantemente identificando demandas e tentando inventar algo para conseguir obter lucro. A parede tem imagens de pessoas revendendo ingressos de futebol, pessoas tentando fazer reservas em restaurantes luxuosos ou em espetáculos da Broadway, engarrafamentos em Nova Iorque que se dissipam à medida que as pessoas encontram vagas de estacionamento, um relógio que mostra a passagem do tempo, e muitas outras coisas.

Um dia, ele postou um pequeno artigo sobre um município que estava à beira da falência. Isso o fez pensar no que um município poderia oferecer para atender a uma demanda. Ele observou fotos de carros, estacionamentos, engarrafamentos, relógios e parquímetros em uma rua vazia. Pensou que algo que um município poderia vender era o tempo: a maioria das cidades vende o tempo alugando espaço nos estacionamentos e ao lado dos parquímetros.

Parquímetros inspiraram a ideia. Parquímetros trazem renda, mas ele se perguntava se poderiam ser mais bem projetados para que pudessem responder à verdadeira demanda. Então, projetou um sistema de estacionamento que ajusta o preço de vagas de estacionamento de acordo com a demanda em determinado momento. O sistema usa sensores eletrônicos para medir a demanda de vagas em tempo real, fixando os preços em conformidade. Assim, quando há muitas vagas disponíveis, é possível pagar apenas 25 centavos por hora e, quando há muita demanda, o preço pode chegar a 6 dólares por hora.

A INTENÇÃO INFLUENCIA ATÉ MESMO AS FUNÇÕES FISIOLÓGICAS

Um experimento notável realizado na Universidade de Columbia demonstrou que, entre as mulheres que procuravam serviços em uma clínica de fertilidade, as que oravam tinham quase o dobro de chance de conseguir engravidar. O que é a oração além da expressão da intenção e do desejo de conseguir algo? As mulheres que oravam tinham uma taxa de gravidez de cerca de 50%, em comparação a 26% das mulheres que não o faziam.

Quando as mulheres oravam, seu estado mental mudava de "eu gostaria de engravidar" para "vou engravidar". Sim, a intenção influencia até as funções fisiológicas. Observe um experimento simples que pode ser feito em qualquer lugar que demonstre isso.

> ### EXPERIMENTO MENTAL
>
> Coloque dois objetos à sua frente de forma que estejam ao seu alcance, mas a distâncias diferentes. O objetivo é tocá-los simultaneamente quando receber o sinal de "vá". É bem conhecido que o tempo que a mão leva para tocar o objeto depende da distância e da precisão necessárias para alcançá-lo. O que acontece quando as duas mãos devem se mover em direções diferentes para tocar objetos que estão em distâncias diferentes?
>
> Primeiro, estabeleça a intenção consciente de alcançá-los simultaneamente. Pense: "Devo alcançá-los ao mesmo tempo". Em seguida, diga "vá" e toque-os. Você descobrirá que ambas as mãos tocam os dois objetos praticamente ao mesmo tempo. Em outras palavras, a intenção influencia o cérebro para coordenar as duas mãos como uma única unidade funcional.

POR QUE OS GANSOS NÃO VOAM?

Muitas pessoas adoram pensar e falar de coisas que gostariam de fazer, criar ou descobrir. Leem livros sobre isso, vão a palestras e seminários, conversam com amigos, admiram as pessoas que fazem e podem até escrever sobre isso. É o pensar e o falar que os fascina, não o fazer propriamente dito. O filósofo Søren Kierkegaard expressou melhor esse pensamento em uma parábola, que foi parafraseada em uma tradução anônima para o inglês, citada por Athol Gill em *The Fringes of Freedom*.[5]

> Um bando de gansos vivia junto em um curral cercado de muros altos. Como o milho era bom e o curral era seguro, os gansos nunca se arriscavam. Certo dia, um ganso filósofo apareceu no meio deles. Era um filósofo muito bom, e toda semana eles ouviam em silêncio e com atenção seus discursos eruditos.
>
> — Meus companheiros de viagem no caminho da vida — ele disse —, vocês conseguem imaginar seriamente que este curral,

---

[5] Esta versão da história veio de uma tradução anônima em inglês citada por GIL, Athol. **The fringes of freedom**, citada em HIRSH, Robert. Existential heroism. Willamette Stage Company, s.d. Disponível em: <www.willamettestage.org/from_the_artistic_director/>. [Link consultado pelo autor não disponível na data de publicação desta obra. (N.E.)]

com muros altos ao redor, é tudo o que há na existência? Digo a todos que há outro mundo maior lá fora, um mundo do qual temos apenas uma vaga consciência. Os nossos antepassados conheciam o mundo exterior. Pois não abriram as asas e voaram pelos desertos e oceanos, pelos vales verdejantes e pelas colinas arborizadas? Mas nós, infelizmente, permanecemos aqui neste curral, com as nossas asas dobradas nas laterais, contentando-nos com a poça de lama, nunca levantando os olhos para o céu, que deveria ser o nosso lar.

Os gansos acharam a palestra muito boa. "Que poético", pensaram. "Que profundamente existencial! Que resumo impecável do mistério da existência!". Muitas vezes, o filósofo falava sobre as vantagens de voar, chamando os gansos a serem o que eram. Afinal, eles tinham asas, apontava o ganso filósofo. Para que serviam as asas, senão para voar? Muitas vezes, ele refletia sobre a beleza e a maravilha da vida fora do curral e sobre a liberdade dos céus. E todas as semanas os gansos se sentiam elevados, inspirados, movidos pela mensagem do filósofo. Pensavam em cada uma de suas palavras. Dedicavam horas, semanas, meses a analisar minuciosamente e a avaliar criticamente suas doutrinas. Produziram tratados eruditos sobre as questões éticas e as implicações espirituais do voo. Fizeram tudo isso. Contudo, uma coisa nunca fizeram. Não voaram! Pois o milho era bom, e o curral era seguro.

Chave de resposta: Os canhões têm boca.

As bolas de futebol têm nariz.

As engrenagens têm dentes.

As batatas têm olhos.

Os sapatos têm língua.

12
Modifique a maneira de falar, e você modificará a maneira de pensar

POR QUE FALAMOS EM DÉFICIT, DESCREVENDO O QUE ESTÁ FALTANDO, O QUE ESTÁ EXCLUÍDO, O QUE ESTÁ ERRADO, O QUE NÃO ESTÁ LÁ?

Muitas vezes, descrevemos coisas, boas ou más, em termos do que elas não são. Por exemplo, hoje pela manhã, encontrei um velho amigo e perguntei como ele estava se sentindo. Ele respondeu: "Não tenho do que reclamar".

O que isso significa? Que ele tem uma lista de reclamações pendurada na parede do quarto e que lê todas as manhãs para ver se há algo do que reclamar?

Preste atenção em como os seus amigos e colegas falam. Você descobrirá que muitos falam uma linguagem de exclusão, uma linguagem sobre "o que não é", em vez de "o que é" ou "o que pode ser". Ao dar uma ideia ao supervisor no trabalho, é possível que você ouça: "Nada mau". Isso significa que todas as outras ideias oferecidas eram ruins? Ao sugerir que você deseja implementar um novo plano ou ideia, é possível que ouça: "Mal não vai fazer". Isso significa que tudo o que foi implementado antes fez mal?

Quantas vezes você já ouviu um amigo dizer algo como: "Por que não nos encontramos para almoçar?". O interessante é que, quando alguém pergunta a outra pessoa "Por que não...?", o receptor frequentemente responde com algum tipo de "não". Quando alguém diz: "Por que não...?", o nosso primeiro impulso inconsciente pode ser começar a pensar em razões para não nos encontrarmos. O fraseado cria ambivalência. No entanto, se mudarmos a pergunta para "Que tal nos encontrarmos na segunda-feira?" ou "Vamos nos encontrar na segunda-feira?", a ambivalência desaparece.

PENSE EM "SIM"

Como a maioria dos adultos se concentra nas deficiências, acabam expressando pensamentos e ideias com palavras negativas como "não", "nunca", etc. Durante a leitura, você pode estar considerando: "Eu nunca havia pensado nisso" ou "Não é um insight ruim". Reformule o seu pensamento para "Esta é a primeira vez que pensei nisso", ou "Esta é uma visão empolgante que explica muita coisa". Observe como a mudança de "o que não é" para "o que é" afeta a percepção da informação. Agora você sente interesse, curiosidade, surpresa e até fascínio. E pode sentir a sua consciência se expandir.

As crianças, antes de serem educadas, usam uma linguagem diferente, uma linguagem de inclusão, uma linguagem de "o que é" e "o que pode ser". Se você perguntar às crianças como elas se sentem, elas expressarão sentimentos. Dirão "Ótimo" ou "Incrível" ou "Sonolento" ou "Estou doente". Ofereça uma ideia a uma criança, e ela responderá com um "Ótimo" ou um "Interessante".

Suponha que você vá à Disneylândia com a sua família e se divirta muito. Eu me aproximo de você e pergunto: "Você gostou da Disney?". Se a sua resposta for "Nada mal", essa descrição do que não é pode parecer fria e monótona, sem nenhum entusiasmo.

Contudo, se você disser "Ótimo", observe que há uma diferença no volume, na emoção, na entonação e em todo o sentimento associado à palavra "ótimo". O volume aumenta. A boca fica mais relaxada. Os pensamentos e sentimentos são diferentes quando você fala sobre o que está ali em vez de falar sobre o que falta.

Ao mudar a linguagem e os padrões de fala de maneira positiva para que expressem "o que está ali", você garante uma sensação de otimismo e maior desempenho no que faz. O que dizemos afeta a maneira de nos sentirmos. Como nos sentimos afeta como pensamos, e vice-versa. A linguagem, os sentimentos e os pensamentos interagem uns com os outros, e o acúmulo dessas influências gera a forma segundo a qual nos comportamos. Isso é ilustrado em um triângulo de comportamento.

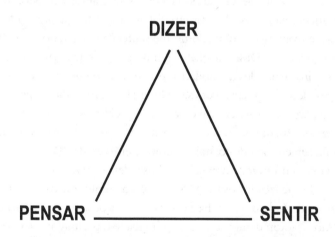

O pensamento não é diferente da emoção. Suponha que um amigo o faça esperar por duas horas. É possível que você fique com raiva e pense: "Como ele pode me tratar assim? Ele não tem preocupação nem consideração comigo. Está sempre me tratando mal", e assim por diante. Pensar dessa forma nos faz ficar com cada vez mais raiva. Então, quando o amigo chega e explica que se atrasou por causa de um acidente que causou um tremendo engarrafamento, a sua raiva se dissipa. Isso mostra que a emoção foi influenciada pelo pensamento. Se você mudar o seu pensamento, a raiva desaparece.

MODIFIQUE A FORMA DE FALAR, E VOCÊ MODIFICARÁ A FORMA DE SENTIR

Se você mudar um elemento, a linguagem, os pensamentos e os sentimentos também serão alterados. O impacto cumulativo produzirá novos padrões de comportamento. O vértice da linguagem é mais fácil de controlar do que os outros dois. É aqui que podemos tomar uma decisão consciente de nos tornarmos uma pessoa de pensamento positivo, criando padrões de linguagem positivos.

Uma vez, hospedei-me no célebre Ritz-Carlton em Montreal. Geralmente não gosto de ficar em hotéis caros. No entanto, no Ritz senti-me magnífico. Contei como me sentia para o gerente, e ele me revelou o segredo. Disse-me que o fator mais significativo para o sucesso era o treinamento dos funcionários para que tudo que dissessem fosse expresso de forma positiva. Por exemplo, um funcionário dirá ao hóspede: "É um prazer", em vez de algo como "Sem problemas", quando receber um agradecimento por um serviço realizado. Ou "O nosso restaurante terá prazer em atendê-lo hoje à noite", em vez de "Por que você não visita o nosso restaurante?". Os hóspedes se sentem bem-vindos, apreciados, felizes e positivos. No final da minha estada, eu estava expressando tudo o que tinha a dizer de forma positiva. A experiência do Ritz-Carlton demonstra como a linguagem permite influenciar a nós mesmos e aos outros de maneira particular — podemos transferir o nosso próprio estado mental para a mente de outra pessoa.

Lera Boroditsky, professora de psicologia, neurociência e sistemas simbólicos na Universidade de Stanford, escreveu a respeito de como a linguagem molda a maneira de pensar em relação a assuntos básicos como espaço, tempo e cor. Descubra esse fenômeno por si mesmo realizando o seguinte experimento mental com um pequeno grupo.

> ### EXPERIMENTO MENTAL
>
> Distribua pêndulos para várias pessoas e divida os participantes em dois grupos. Diga a um grupo para manter o pêndulo firme e ao outro grupo para mantê-lo firme e também não o mover para os lados.
>
> Os participantes do segundo grupo invariavelmente moverão os pêndulos para os lados, enquanto o grupo que recebeu apenas a informação de mantê-los firmes não o fará. Por quê? Porque pensar em não ter que mover um objeto para o lado ativa os próprios músculos que o movem nessa direção. As palavras usadas para instruir os participantes alteram os processos perceptivos e o pensamento conotativo.

Iniciar qualquer padrão de comportamento é mais fácil do que interrompê-lo. É mais fácil se concentrar em respirar ar puro, em comer alimentos mais saudáveis, em aprender a relaxar e em ser mais otimista mudando a maneira de falar. Com o tempo, retire os padrões negativos da sua linguagem e fale sobre "o que é", em vez de sobre "o que não é"; assim você cultivará uma atitude positiva e mudará a perspectiva sobre o seu trabalho e, de fato, sobre a sua própria vida.

> ### EXPERIMENTO MENTAL
>
> A minha mãe é uma pessoa positiva e feliz, e foi a primeira a me ensinar que a escolha de palavras determina a escolha dos pensamentos, e que estes últimos determinam emoções e ações. Ela constantemente corrigia a minha forma de falar sempre que eu reclamava ou era negativo, ou quando dizia algo ruim sobre outra pessoa. Tentei muito corrigir a maneira de falar, mas descobri que apenas tentar deixar de ser negativo não é suficiente. Requer condicionamento.
>
> A minha mãe idealizou uma solução usando um simples elástico verde, que ela me pediu para usar ao aceitar o desafio: eu teria que passar vinte dias sem reclamar nem ser negativo. Cada vez que reclamasse, tinha que mudar o elástico para o outro pulso e começar de novo a partir do dia zero. Foi uma maneira incrivelmente simples de me fazer entender os próprios pensamentos e os fatores distintos que influenciavam a minha forma de pensar.
>
> Os efeitos desse pequeno exercício foram imediatos e mudaram minha vida.
>
> Corrija as suas palavras e você corrigirá os seus pensamentos. Faça esse experimento por vinte dias, e aposto que você perceberá a eficácia.

Pensamento criativo

Graças ao trabalho de linguistas, antropólogos e psicólogos, ficou evidente que linguagem e pensamento não podem ser separados. A linguagem não é um conjunto de símbolos arbitrários. É mais uma manifestação dos processos perceptivos e conotativos. Na verdade, é mais que isso. As palavras e a sintaxe não apenas revelam, mas também influenciam. Podemos usar as palavras para expressar o bem ou o mal,[1] como mostra a ilustração.

Por exemplo, um político que se opõe a permitir homossexuais no exército formularia uma pergunta da seguinte forma: "Não devemos impedir *gays* nas Forças Armadas?" Por outro lado, se o político reformulasse a pergunta para "Devemos permitir *gays* nas Forças Armadas?", o preconceito seria psicologicamente reduzido pela escolha das palavras.

AS PALAVRAS INSPIRAM A FORMA DE PENSAR

Como já mencionei, a linguagem influencia o comportamento. Em uma série de estudos, pesquisadores da Universidade de British Columbia pediram aos voluntários que participassem do "jogo do ditador":

> O jogo é simples: você recebe 10 moedas de 1 dólar e deve pegar quantas quiser, deixando o restante para o jogador da outra sala

---

[1] O bem é representado na figura pela palavra em inglês *GOOD* evidenciada pelo contorno preto das letras, enquanto o mal é representado por *EVIL*, que aparece no espaço vazado branco. [N.R.]

(que é, sem que você saiba, um dos desenvolvedores da pesquisa). A divisão justa, claro, é 50-50, mas a maioria anônima de "ditadores" joga de forma egoísta, deixando pouco ou nada para o outro jogador. No grupo de controle... a maioria dos participantes ficou com tudo ou quase tudo...

Contudo, no caso dos sujeitos submetidos ao experimento, os pesquisadores introduziram pensamentos sobre Deus usando uma técnica muito conhecida: os participantes, entre os quais teístas e ateus, primeiramente tinham que desembaralhar frases com palavras como *Deus*, *divino* e *sagrado*. Dessa forma, participando da atividade logo em seguida ao jogo do ditador, os jogadores tinham Deus na mente sem estarem conscientes disso. Com certeza, usar "Deus" funcionou como um encanto, fazendo que as divisões fossem mais justas. Sem mencionar Deus, apenas 12% dos participantes dividiram o dinheiro igualmente, mas, após trabalharem com as frases religiosas, 52% o fizeram.[2]

A linguagem molda profundamente a maneira de pensar das pessoas. Benjamin Lee Whorf, renomado linguista, usou a língua indígena hopi[3] como exemplo disso. Whorf acreditava que os hopis "não tinham formas gramaticais, construções nem expressões que se referiam diretamente ao que chamamos de 'tempo'". Consequentemente, os falantes da língua hopi pensam no tempo de uma maneira muito diferente de muitos de nós, com a nossa obsessão pelo passado, presente e futuro. Para os hopis, disse Whorf, todo o tempo é "agora".

EXPERIMENTO MENTAL

Escreva uma longa história sobre algo que aconteceu com você. Não escreva usando "eu", "me" ou "mim", mas usando "este" ou "este corpo" para representar você, e "aquele corpo" ou "aquela pessoa" para representar outras pessoas na história. Por exemplo: "Este corpo se lembra de um Natal com outros corpos quando era jovem, e foi o Natal mais decepcionante de sua vida".

---

[2] KRAKOVSKY, Marina. The God effect. The **New York Times Magazine**, 9 dez. 2007.
[3] WHORF, Benjamin Lee. **Language, thought, and reality**. Cambridge, MA: MIT Press, 1956. p. 59.

> A maneira de você se expressar fará que se sinta escrevendo uma história sobre alguém ou outra coisa, mesmo que seja sobre você. Você se sentirá estranho e começará a ter pensamentos sobre si mesmo que nunca teve antes.

VEJO QUE VOCÊ ESTÁ BRINCANDO DE LER UM LIVRO

Joseph Campbell escreveu que há:

> [...] um termo japonês[4] curioso e extremamente interessante que se refere a uma forma especial de falar que é polida, aristocrática e conhecida como "linguagem lúdica" (*asobase kotoba*), por meio da qual, em vez de dizer a uma pessoa, por exemplo: "Vejo que você veio a Tóquio", diria: "Vejo que você está brincando de estar em Tóquio". A ideia é que a pessoa a quem alguém se dirige está no controle da própria vida e dos próprios poderes; assim, tudo para ela é brincadeira, um jogo. Ela é capaz de atuar na vida como se estivesse jogando livremente e com facilidade.

Que maneira gloriosa de abordar a vida! O que precisa ser feito é realizado com tanta vontade que se torna literalmente um "jogo". Essa é a atitude descrita por Nietzsche sobre como amar o próprio destino.

Ralph Summy,[5] que dirige o Instituto Matsunaga para a Paz, é bastante consciente da influência da linguagem e incentiva seus alunos a substituir emoções violentas ao trocar as expressões violentas por uma linguagem não violenta. Em vez de descrever alguém como "destruidor de argumentos", sugere que a pessoa seja descrita como alguém "desenrolando um novelo de lã". Summy também recomenda que a expressão "matar dois coelhos com uma cajadada só" seja substituída por "acariciar dois pássaros com apenas uma das mãos". "Vestido para

---

[4] CAMPBELL, Joseph. **Myths to live by**. New York: Penguin, 1993. p. 122.
[5] Exemplos retirados de SUMMY, Ralph. Nonviolent speech. **Peace Review**, 10, n. 4, 1998, 573–578. Disponível em: <www.informaworld.com/smpp/ftinterface~content=a787821627~fulltext=713240930~frm=content>. Acesso em: 29 set. 2022.

matar" pode se transformar em "vestido para emocionar". O trabalho de Summy com a linguagem sugere que, ao prestar atenção e substituir palavras violentas por não violentas, podemos mudar atitudes e ter um diálogo mais amável.

> ## EXPERIMENTO MENTAL
>
> Considere a nossa relação com os animais. A maioria de nós normalmente se acha superior aos outros animais, que vemos como formas inferiores de vida. Nós os vemos como "coisas". Em contraste, os algonquinos e os lakotas sioux consideram os animais iguais aos humanos, e de muitas maneiras superiores, como expresso na linguagem deles. Eles se referem a toda forma de vida, qualquer coisa animada ou dinâmica, como "você", como objetos a reverenciar: as árvores, os rios, os búfalos.
>
> É possível tratar qualquer coisa como "você". O ego que percebe um "você" não é o mesmo ego que percebe um "isso". Ao ver um animal, silenciosamente pense nas palavras "você cão", "você pássaro" ou qualquer outro termo que se adeque. Faça isso durante um dia ou mais para ver por si mesmo. Você sentirá uma mudança dramática na percepção de todas as formas de vida.

Os padrões de linguagem afetam a nossa percepção e atitude, o nosso comportamento e como vivemos. Esses padrões de linguagem são comumente referidos como "operadores modais" por praticantes da programação neurolinguística (PNL). O conceito de padrões de linguagem como operadores foi amplamente explorado por Lubomír Dolezel em *Heterocosmica*[6] (1998), que se baseia na ideia de mundos possíveis.

Os padrões de linguagem estudados são principalmente verbos e advérbios que indicam possibilidade, impossibilidade, necessidade, certeza e desejos. As palavras que expressam necessidade podem ser "precisa", "deve", "deveria", "tem que" e assim por diante. Ao usar essas palavras, criamos um mundo de força, pressão e obrigação. Palavras que expressam possibilidade incluem "é possível", "poderia", "desejaria", "gostaria", "amaria", e assim por diante. Quando

---

[6] Veja DOLEZEL, Lubomír. **Heterocosmica: fiction and possible worlds**. Baltimore, MD: Johns Hopkins University Press, 1998.

usamos essas palavras, criamos um mundo que permite a vontade, a intenção e a escolha humana. Padrões de impossibilidade podem ser expressos por palavras como "incapaz", "não pode", "não poderia", "impossível", e assim por diante. Ao usar esses padrões, criamos um mundo de negatividade, impotência e desesperança.

O experimento mental a seguir usa padrões de linguagem para influenciar a psicologia quanto à maneira de transformar uma pessoa em um pensador criativo.

EXPERIMENTO MENTAL

Há uma frase que expressa as relações contingentes que acreditamos existir entre nós, entre os outros e os resultados. Por exemplo, dizer "Não posso ser criativo" é dizer que existem algumas circunstâncias (ainda não declaradas) que impossibilitam o falante de "ser criativo". O que está sendo expresso aqui é um padrão de palavras de impossibilidade.[7]

Essa percepção é mais do que mera declaração de condições, pois vem acompanhada de certas relações subjetivas que podem influenciar demais o comportamento de uma pessoa. Padrões de impossibilidade, por exemplo, pressupõem o interrompimento da ação. Você para de lutar por ela. Os outros padrões de linguagem são os de possibilidade, necessidade, certeza e desejo. A seguir estão alguns dos termos mais comuns em cada uma das categorias:

IMPOSSIBILIDADE	POSSIBILIDADE	NECESSIDADE	CERTEZA	DESEJO
IMPOSSÍVEL	POSSÍVEL	NECESSÁRIO	FAREI	DESEJO
INCAPAZ DE	POSSO	DEVERIA	NÃO FAREI	QUERIA
NÃO POSSO	PODERIA	DEVO	SOU	QUERO
NÃO PODERIA	SOU CAPAZ DE	TENHO DE	É	ESCOLHO
		NECESSITO		
		TENHO A OBRIGAÇÃO		

Cada um desses termos pressupõe certo tipo de relação possível consigo mesmo, com os outros e com os resultados. O resultado pode ser impossível, possível, necessário, certo ou desejado.

Cada um dos termos transmite certas qualidades da experiência subjetiva que fazem que o termo seja único e indispensável na

---

[7] Experimento mental de ZEIG, Jeffrey K.; LANKTON, Stephen R. **Developing ericksonian therapy**. Bristol, PA: Brunner/Mazel, 1988. p. 169.

> compreensão da psicodinâmica a partir da qual o indivíduo age na ocasião. Essas diferenças sutis, mas absolutamente convincentes, ficam imediatamente evidentes quando aplicamos termos diferentes para o mesmo conteúdo. Por exemplo:
>
> - Não consigo ser criativo.
> - Quero ser criativo.
> - Posso ser criativo.
> - Sou capaz de ser criativo.
> - Devo ser criativo.
> - Preciso ser criativo.
> - Serei criativo.
>
> Se você reservar alguns momentos para dizer as frases anteriores como se cada uma fosse verdade (atentando para a experiência subjetiva ao fazê-lo), descobrirá que cada um dos verbos altera drasticamente a percepção da sua relação com o resultado de se tornar criativo. A experiência de "Quero ser criativo" é bem diferente da experiência de "Serei criativo". A primeira pressupõe desejo; a segunda, certeza. E não há diferença significativa entre elas em termos de nível de envolvimento ativo que cada um expressa. Para a maioria das pessoas, "quero ser criativo" é intrinsecamente uma experiência mais passiva do que "serei criativo".
>
> Comprove a diferença por si mesmo. Pense em algo que você "precisa", e depois diga a si mesmo é isso que você "deveria" ter. Como a experiência subjetiva muda? Em seguida, selecione algo que você "deveria" ter e depois diga a si mesmo que isso é algo de que você "precisa". Novamente, como a experiência muda?
>
> Este exercício oferece pistas sobre o que uma pessoa precisa em termos de mudança. Por exemplo, se uma pessoa dissesse: "Sim, tenho certeza de que o que sei agora poderia me tornar mais criativo", não estaria dizendo que será mais criativa, apenas que agora parece ser algo possível.

DISCURSO POLITICAMENTE CORRETO

É possível que você tenha lido o clássico livro de George Orwell, *1984*, que descreve como as pessoas podem ser enganadas e persuadidas pela linguagem quando uma força política com más intenções altera sutilmente as definições, censura as palavras e cria novos termos. Na história, cada palavra era rigorosamente definida. Por exemplo, a palavra "livre" estava restrita a usos como "um campo livre de

Pensamento criativo

ervas daninhas" e "um cão livre de pulgas". Não havia mais palavras para expressar conceitos como liberdade política ou acadêmica, ou a capacidade de pensar livremente. Tudo isso pretendia alienar o pensamento independente e a autoconfiança das pessoas, deixando o caminho livre para o governo controlá-las. Era ficção.

O que não é ficção é como a polícia da linguagem estabeleceu um protocolo elaborado que a historiadora Diane Ravitch[8] chama de "censura benéfica".

> Atualmente, os conselhos escolares e os comitês de preconceito e sensibilidade politicamente corretos revisam, resumem e censuram textos que, na opinião deles, contêm palavras, tópicos e imagens ofensivos.

A imagem a seguir é um desenho engraçado que é culturalmente, etnicamente, religiosamente e politicamente correto e neutro em termos de gênero. Por favor, desfrute-a com responsabilidade.

No livro *The Language Police*, Ravitch revela os absurdos dos censores politicamente corretos. Observe uma lista típica de instruções dos editores sobre o que não pode ser publicado:[9]

---

[8] Ravitch, Diane. **The language police: how pressure groups restrict what students learn.** New York: Knopf, 2003. p. 3.
[9] Ibid. Esses exemplos são resumidos ao longo do livro.

- As mulheres não podem ser retratadas como cuidadoras ou realizadoras de tarefas domésticas.
- Os homens não podem ser advogados, médicos ou encanadores. Devem ser companheiros dispostos a ajudar.
- Os idosos não podem ser fracos ou dependentes; devem correr ou consertar o telhado.
- Uma história que se passe nas montanhas pode ser discriminatória em relação aos alunos das planícies.
- As crianças não podem ser retratadas em situação de desobediência nem de conflito com adultos.
- Bolos não podem aparecer nas histórias, pois não são nutritivos.
- A palavra "selva" não deve ser usada. Use "floresta tropical" em vez disso.
- A expressão "alimento para a alma" nunca deve ser usada.
- Não existem viúvas nem donas de casa.

Observe como as expressões politicamente corretas descrevem "o que não é". Não é uma cabana. É uma casa pequena. Ele não é um velho. Não há montanhas. Bolo não existe. Não há selvas. E assim por diante. Essas expressões distorcem a linguagem em um esforço para evitar ofensas. Até a palavra *brainstorming* ("tempestade de ideias") foi condenada como ofensiva para as pessoas que sofrem convulsões. Como resultado dessa linguagem politicamente correta, a nossa liberdade de expressão vai se tornando restrita e, dessa forma, a nossa cosmovisão se torna fragmentada, mesquinha e falsa.

13
Transforme-se naquilo que você finge ser

> *Não paramos de brincar porque envelhecemos;*
> *envelhecemos porque paramos de brincar.*
> GEORGE BERNARD SHAW

Como mencionei antes, as nossas atitudes influenciam o nosso comportamento. Contudo, também é verdade que o nosso comportamento pode influenciar as nossas atitudes. Os monges tibetanos fazem orações girando as rodas em que as orações estão inscritas. As rodas, ao girar, enviam as orações para o espaço divino. Algumas vezes, um monge mantém até uma dúzia de rodas de oração girando ao mesmo tempo, como malabarismos em que placas giratórias são equilibradas em cima de varas altas e finas.

Muitos monges noviços não estão tão envolvidos emocional ou espiritualmente no que fazem a princípio. O noviço pode estar pensando na família, nas dúvidas sobre a vocação religiosa ou em qualquer outra coisa enquanto realiza os movimentos giratórios da roda de oração. Contudo, quando o noviço adota a pose de um monge, quando torna as intenções óbvias para si mesmo e para os outros desempenhando um papel, o cérebro rapidamente o segue. Não basta ao noviço ter a intenção de se tornar monge: ele deve agir como monge e girar as rodas de oração.

Certa vez, o filósofo grego Diógenes foi visto pedindo esmolas a uma estátua. Os amigos ficaram intrigados e alarmados com tal comportamento. Ao ser indagado por que agia desse modo sem sentido, Diógenes respondeu: "Estou praticando a arte de ser rejeitado". Ao fingir ser continuamente rejeitado pela estátua, Diógenes estava aprendendo a entender a mente de um mendigo. Toda vez que assumimos uma atitude e desempenhamos um papel, realizando os movimentos correspondentes, acionamos as emoções associadas a ele e fortalecemos a atitude que desejamos cultivar.

É possível mudar a maneira de ver a si mesmo e de como os outros o veem por meio da intenção e dos movimentos correspondentes. Para descobrir como isso pode ser fácil, pratique o experimento a seguir.

EXPERIMENTO MENTAL

"Pratique atos aleatórios de bondade" é uma frase que alguém de São Francisco escreveu em um cartão e deixou na porta da geladeira de uma amiga. Na manhã seguinte, quando essa amiga parou no pedágio da Bay Bridge, sorriu e disse: "Estou pagando por mim e pelos seis carros atrás de mim". Um atrás do outro, quando os seis próximos motoristas chegaram ao pedágio com o dinheiro em mãos, foram apenas informados: "Uma senhora que passou na frente já pagou pela sua passagem. Tenha um bom dia".

A mulher começou a escrever a frase na parte inferior de todas as suas cartas, como se fosse uma mensagem vinda de uma instância superior. Uma professora recebeu uma das cartas e anotou a mensagem na lousa. Uma de suas alunas era filha de um colunista de jornal que repetiu a frase e escreveu sobre como a bondade pode crescer e se acumular sobre si mesma tanto quanto a violência.

O jornalista começou a relatar "atos aleatórios de bondade" em sua coluna. Os leitores ficaram emocionados ao ler as histórias com finais felizes, incluindo uma sobre um homem que inseria moedas

> nos parquímetros de desconhecidos bem na hora em que eles levariam uma multa; a história de uma dúzia de pessoas que foram a uma casa decadente e a limparam de cima a baixo enquanto os proprietários idosos e frágeis olhavam e sorriam; a história de um menino que limpava a neve das calçadas para os idosos e a história de um homem que levou uma pancada na traseira do carro por uma jovem e acenou para ela, dizendo: "Foi só um arranhão. Não se preocupe".
>
> Não é possível sorrir sem se animar um pouco. Da mesma forma, não é possível cometer um ato aleatório de bondade sem sentir que os próprios problemas foram aliviados, mesmo porque o mundo se tornou um lugar um pouco melhor. Hoje pela manhã, no consultório do dentista, eu disse à recepcionista que ela exibia um dos sorrisos mais bonitos que eu já tinha visto. Subitamente, todo o consultório parecia mais brilhante e feliz.
>
> Tenha hoje um bom dia realizando um ato aleatório de bondade. Você consegue imaginar uma sociedade em que as pessoas realmente se importam com os demais realizando atos aleatórios de gentileza? Façamos que a nossa sociedade seja assim.

Transforme-se naquilo que você finge ser. Quando criança, o artista surrealista Salvador Dalí era patologicamente tímido. Escondia-se em armários e evitava todo contato humano, até que um tio deu a ele um conselho para superar a timidez. Ele aconselhou Dalí a ser ator e fingir que interpretava o papel de uma personagem extrovertida. A princípio Dalí ficou cheio de dúvidas. Contudo, quando adotou a pose de um extrovertido, seu cérebro logo se adaptou ao papel que estava desempenhando, e isso mudou sua psicologia.

Outro exemplo notável é Viktor Frankl, que escreveu sobre suas experiências em um campo de concentração no livro *Em busca de sentido: um psicólogo no campo de concentração*.[1] Enquanto a maioria dos outros presos perdeu a esperança e morreu, Frankl reformulou a experiência fingindo ser um professor acadêmico. Ele ocupava a mente criando as palestras que daria depois que fosse liberto

---

[1] A história completa pode ser encontrada em FRANKL, Viktor. **Em busca de sentido**: um psicólogo no campo de concentração. [S.l.]: Vozes, 1991.

do campo, palestras que se baseavam em suas experiências ali. Ele pegou uma situação desesperadora e a transformou em uma rica fonte de experiências que poderia ajudar outras pessoas a superar situações potencialmente desesperadoras.

> ### EXPERIMENTO MENTAL
>
> Em um experimento, algumas pessoas foram convidadas a escrever textos em que descreviam a si mesmas como positivas, autoconfiantes e altamente criativas, enquanto outros participantes foram convidados a escrever textos em que se descreviam como negativos, tímidos e sem criatividade. Em seguida, pediram aos membros do primeiro grupo que se apresentassem a um entrevistador como pessoas positivas, confiantes e altamente criativas. Os membros do segundo grupo foram convidados a se apresentar como negativos, tímidos e sem criatividade.
>
> No dia seguinte, as pessoas foram novamente entrevistadas em particular, e, dessa vez, pediram que dessem uma descrição honesta e objetiva de sua personalidade. Aqueles que se apresentaram como criativos expressaram maior grau de confiança e criatividade. Os demais se apresentaram como inseguros e não criativos.
>
> As pessoas se transformam naquilo que fingem ser, acreditam naquilo que dizem e em suas ações. Isso significa que é possível mudar a atitude e o comportamento mudando a forma de nos apresentar ao mundo.
>
> Imagine que você deu um salto de cinco anos para o futuro. A revista *The New York Times* traz uma matéria de capa sobre você, o pensador criativo de maior destaque do ano. O que você fez para merecer essa homenagem? Qual foi a nova invenção, o negócio, o processo, a obra de arte, o romance, o método, a revelação, o conceito, a melhoria ou a solução para um problema social que você formulou?
>
> O presidente dos Estados Unidos lê o artigo e liga para você. Ele vai fazer um discurso em homenagem à sua realização criativa e pede conselhos sobre o que dizer. Em particular, ele quer saber como você se tornou um pensador notável, positivo, confiante e altamente criativo. O que mais você gostaria de ouvir o presidente dizer sobre você e a sua realização?

Quando observamos a vida dos gênios criativos em toda a história do mundo, descobrimos que o comportamento e a criatividade deles estão inextricavelmente conectados. Um exemplo é Michelângelo,[2] que foi contratado para pintar o teto da Capela Sistina, no Vaticano. Seus rivais persuadiram o papa Júlio II a contratá-lo porque sabiam que Michelângelo raramente usava cores em seus primeiros anos e nunca havia pintado um afresco, que envolvia um processo complicado. Primeiro, o artista misturou areia e cal e espalhou a mistura sobre a parede. Em seguida, aplicou cores e teve que ser rápido, agindo enquanto a parede ainda estava molhada ou fresca. Quando a parede secou, as cores fundiram-se quimicamente com a cal; esta é a técnica do afresco. Os concorrentes estavam convencidos de que ele recusaria a oferta devido à inexperiência em pintar afrescos. Se ele aceitasse, estavam convencidos de que o resultado seria medíocre e planejavam usá-lo para apontar as inadequações ao papa e ao mundo da arte.

Michelângelo acreditava que era o maior artista do mundo e poderia criar obras-primas usando qualquer meio. Com essa crença, aceitou o trabalho. Executou os afrescos com grande desconforto, pois tinha que trabalhar olhando para cima, o que prejudicou sua visão de tal forma que durante meses não conseguia ler a não ser que a cabeça ficasse nessa mesma posição. Ao agir de acordo com as próprias convicções, criou a obra-prima que o estabeleceu como o maior artista de sua época.

O COMPORTAMENTO MUDA A ATITUDE

O comportamento afeta a atitude. O psicólogo Leon Festinger é muito conhecido pela teoria da dissonância cognitiva, que sugere que a incoerência entre as crenças e o comportamento causa uma tensão psicológica incômoda. Em um de seus primeiros experimentos, que ele conduziu com James Carlsmith, abordou a conformidade forçada. A seguinte descrição do experimento é registrada em *Non-Western Perspectives on Human Communication: Implications for Theory and Practice*, de Min Sun Kim.

---

[2] Giorgio Vasari (1511–1574) escreveu *Vite de' più eccellenti architetti, pittori, et scultori Italiani*, publicado originalmente em 1549–1550.

Pensamento criativo

> Festinger e Carlsmith (1959) fizeram os sujeitos [de uma pesquisa] realizar uma tarefa que envolvia colocar um grande número de carretéis em pinos de um tabuleiro, dando em cada carretel um quarto de volta, retirando os carretéis dos pinos e, em seguida, colocando-os de volta. Como se pode imaginar, as atitudes dos sujeitos em relação a essa tarefa foram altamente negativas. Os sujeitos foram então induzidos a contar a outro "sujeito" feminino, que, na verdade, era cúmplice do experimentador, que essa tarefa chata que ela teria que realizar era, na verdade, interessante e agradável. Alguns dos sujeitos receberam 20 dólares para contar essa mentira; outros receberam apenas 1 dólar. Quase todos os sujeitos concordaram em ir à sala de espera e convencer a moça de que o experimento chato seria divertido. Obviamente, havia uma discrepância entre as atitudes e o comportamento. Apesar de a tarefa ser chata, os sujeitos tentaram convencer a moça que havia acabado de chegar de que era algo divertido a ser feito. Por quê? Para os sujeitos que receberam 20 dólares, o motivo estava claro: eles queriam o dinheiro. O pagamento oferecia uma importante justificativa externa, consistente com o comportamento contra-atitudinal. Não havia dissonância, e os sujeitos não sentiram necessidade de mudar a atitude. Contudo, para os sujeitos que receberam apenas 1 dólar, havia muito menos justificativa externa e mais dissonância. Como eles poderiam reduzir a dissonância? Poderiam fazer isso mudando a atitude em relação à tarefa. E foi exatamente o que aconteceu. Quando [os pesquisadores] pediram que avaliassem o experimento, os sujeitos que receberam apenas 1 dólar classificaram a tarefa entediante como mais divertida e agradável do que os sujeitos que receberam 20 dólares para mentir e do que os sujeitos do grupo de controle que não foram obrigados a mentir sobre a tarefa. Como a justificativa externa — o pagamento de 1 dólar — era muito baixa para justificar o comportamento contra-atitudinal, os sujeitos simplesmente mudaram a atitude para torná-la consistente com o comportamento.[3]

Pense por um momento em ocasiões sociais: visitas, encontros, jantares com amigos, festas de aniversário, casamentos e outros encontros. Mesmo quando estamos infelizes ou deprimidos, essas ocasiões nos obrigam a agir como se estivéssemos felizes. Observando o rosto, a postura e a voz dos outros, inconscientemente imitamos suas reações. Sincronizamos os nossos movimentos, posturas e tons

---

[3] Kim, Min-Sun. **Non-Western perspectives on human communication: implications for theory and practice**. Thousand Oaks, CA: Sage, 2002. p. 71–72.

de voz com os deles. Em seguida, ao imitar pessoas felizes, nós mesmos nos sentimos felizes.

Pesquisadores da CIA há muito tempo se interessam em desenvolver técnicas para ajudá-los a estudar as expressões faciais dos suspeitos. Dois desses pesquisadores começaram a simular expressões faciais de raiva e angústia o dia todo, todos os dias, durante várias semanas. Um deles admitiu sentir-se extremamente mal depois de uma das sessões de expressões faciais. Depois, outro percebeu que também se sentia mal; então, eles começaram a fazer um acompanhamento de como se sentiam. Começaram a monitorar seu corpo enquanto simulavam as expressões faciais. As descobertas foram notáveis. Descobriram que uma expressão facial por si só é suficiente para criar mudanças marcantes no sistema nervoso.

Em um exercício, ergueram as sobrancelhas e as bochechas, e abaixaram o canto dos lábios, mantendo essa expressão facial por alguns minutos. Ficaram surpresos ao descobrir que esse simples gesto gerava sentimentos de tristeza e angústia. Os pesquisadores então decidiram monitorar os batimentos cardíacos e a temperatura corporal de dois grupos de pessoas. Pediram aos integrantes do primeiro grupo que recordassem e revivessem as experiências mais dolorosas da vida. Ao outro grupo, que estava em outra sala, simplesmente pediram para produzir uma série de gestos que denotavam tristeza. Curiosamente, o segundo grupo, o de pessoas que estavam gesticulando, apresentaram as mesmas respostas fisiológicas que o primeiro. Procure fazer o seguinte experimento mental.

EXPERIMENTO MENTAL

Abaixe as sobrancelhas.
Levante as pálpebras superiores.
Estreite as pálpebras.
Pressione os lábios.

Mantenha essa expressão, e você gerará raiva. O seu batimento cardíaco aumentará até 10 ou 12 batidas por minuto. As suas mãos ficarão quentes, e você se sentirá muito desconfortável.

> Na próxima vez em que estiver se sentindo deprimido e quiser se sentir feliz e positivo, tente fazer o seguinte: coloque uma caneta entre os dentes, o suficiente para esticar as bordas dos lábios para a esquerda e para a direita sem se sentir desconfortável. Fique assim por 5 minutos ou mais. Inexplicavelmente você se sentirá de bom humor. Em seguida, tente caminhar com passos largos e olhar diretamente para a frente. Você se surpreenderá com a rapidez com que as expressões faciais podem mudar as emoções.

Em outro experimento, os pesquisadores da CIA fizeram que um grupo de sujeitos ouvisse gravações de alguns dos melhores comediantes e assistissem a uma série de desenhos animados. Ao mesmo tempo, cada pessoa mantinha uma caneta pressionada entre os lábios — uma ação que tornava impossível sorrir. Os indivíduos de outro grupo seguravam uma caneta entre os dentes que produzia o efeito oposto e os fazia sorrir.

As pessoas com as canetas entre os dentes, em comparação ao outro grupo, avaliaram que os comediantes e os desenhos eram muito mais engraçados. Além disso, nenhum dos grupos sabia que os gestos que faziam expressavam emoções. Surpreendentemente, uma expressão que nem sabemos ter pode criar uma emoção que não escolhemos sentir deliberadamente. A emoção não ocorre unicamente de dentro para fora. Ocorre de fora para dentro.

COMO CRIAR O PRÓPRIO ESTADO DE ÂNIMO

O psicólogo Theodore Velten[4] criou um procedimento de indução de estados de ânimo em 1969 que os psicólogos têm usado por mais de quarenta anos para induzir um estado mental positivo, especialmente em experimentos da área.

É uma abordagem simples que envolve ler, refletir e tentar sentir os efeitos de cerca de 58 afirmações positivas à medida que vão surgindo. As declarações começam bastante neutras e depois se

---

[4] A lista de afirmações para induzir estados de ânimo foi apresentada em VELTEN, E. **The induction of elation and depression through the reading of structured sets of mood-statements**. PhD diss., University of Southern California, 1967.

tornam progressivamente mais positivas. São projetadas especificamente para produzir um estado de espírito eufórico.

EXPERIMENTO MENTAL

Instruções de Velten: Leia cada uma das seguintes afirmações para si mesmo. Ao olhar para cada uma, concentre a sua observação exclusivamente naquela frase. Não gaste muito tempo em uma declaração específica. Para experimentar o estado de ânimo sugerido na afirmação, você deve estar disposto a aceitar e responder a ela. Permita que a emoção contida na declaração atue sobre você. Em seguida, tente produzir o sentimento sugerido em cada afirmação. Visualize uma cena em que você tenha experimentado tal sentimento. Imagine reviver a cena. Todo o exercício deve levar cerca de 10 minutos.[5]

DECLARAÇÕES DE VELTEN PARA INDUZIR ESTADOS DE ÂNIMO

1. Hoje não é melhor nem pior do que qualquer outro dia.
2. No entanto, sinto-me muito bem hoje.
3. Sinto-me alegre.
4. Este pode ter sido um dos meus melhores dias.
5. Se a atitude é boa, então as coisas são boas, e a minha atitude é boa.
6. Sinto-me alegre e animado.
7. Certamente tenho energia e autoconfiança para compartilhar.
8. Em geral, quase não tenho dificuldade em pensar com clareza.
9. Os meus amigos e familiares ficam muito orgulhosos de mim na maior parte do tempo.
10. Estou em uma boa posição para fazer que as coisas sejam um sucesso.
11. Pelo resto do dia, aposto que as coisas vão correr muito bem.

---

[5] Você pode encontrar outras versões das Instruções de Velten, com diferentes afirmações de estados de ânimo, que outros desenvolveram ao longo dos anos para diferentes propósitos. Um exemplo é <www.amareway.org/holisticliving/08/velten-mood-induction-elation-positive-mood-statements/>.

Pensamento criativo

12. Fico feliz que a maioria das pessoas seja tão amigável comigo.
13. Os meus julgamentos sobre a maioria das coisas são sensatos.
14. Quanto mais me envolvo nas coisas, mais fáceis elas se tornam para mim.
15. Estou cheio de energia e ambição; sinto que poderia passar muito tempo sem dormir.
16. Este é um daqueles dias em que consigo fazer as coisas praticamente sem esforço algum.
17. Hoje o meu julgamento está aguçado e preciso. É impossível que alguém tente me culpar de algo.
18. Quando quero, consigo fazer amigos com extrema facilidade.
19. Se eu me dedicar, posso fazer que as coisas saiam muito bem.
20. Sinto-me entusiasmado e confiante agora.
21. Deve haver oportunidade para que muitos bons momentos aconteçam.
22. As minhas músicas favoritas continuam tocando na minha mente.
23. Alguns dos meus amigos são muito animados e otimistas.
24. Sinto-me falante, tenho vontade de falar com quase todo mundo.
25. Estou cheio de energia e realmente começando a gostar das coisas que faço.
26. Estou com vontade de rir; gostaria que alguém contasse uma piada para eu ter uma desculpa para rir.
27. Sinto uma animação empolgante em tudo o que faço.
28. A minha memória está em forma hoje.
29. Sou capaz de fazer as coisas com precisão e eficiência.
30. Sei muito bem que posso atingir as metas que estabeleci.
31. Agora me ocorre que a maioria das coisas que me deprime não aconteceria se eu tivesse a atitude certa.
32. Tenho uma sensação de poder e vigor.

TRANSFORME-SE NAQUILO QUE VOCÊ FINGE SER

33. Sinto-me tão vivo e eficiente hoje! Estou sentado no topo do mundo.

34. Seria realmente preciso alguma coisa para me deter agora.

35. Com o tempo, é óbvio que as coisas têm ficado cada vez melhores na minha vida.

36. Sei que no futuro não darei importância excessiva aos "problemas".

37. Estou otimista porque sei que posso me dar muito bem com a maioria das pessoas que conheço.

38. Estou muito absorto nas coisas para ter tempo para me preocupar.

39. Estou me sentindo incrivelmente bem hoje.

40. Sou particularmente criativo e engenhoso com este estado de espírito.

41. Sinto-me ótimo! Acho que posso dar o melhor de mim no trabalho.

42. As coisas parecem boas. As coisas parecem ótimas!

43. Sinto que muitas das minhas amizades ficarão comigo no futuro.

44. Sinto-me altamente perceptivo e revigorado.

45. Posso ver o lado bom das coisas em quase tudo.

46. Em um estado animado como este, posso trabalhar rápido e fazer certo de primeira.

47. Consigo me concentrar muito bem em qualquer coisa que faço.

48. O meu pensamento é claro e rápido.

49. A vida é muito divertida; parece oferecer muitas fontes de realização.

50. As coisas serão cada vez melhores hoje.

51. Consigo tomar decisões de forma rápida e correta, e posso defendê-las facilmente contra críticas.

> 52 Sinto-me muito produtivo; quero algo para fazer!
> 53 A vida está firmemente sob o meu controle.
> 54 Gostaria que alguém tocasse uma música boa e alta!
> 55 Isso é ótimo, realmente me sinto bem. Estou exultante com as coisas!
> 56 Estou me sentindo muito bem agora.
> 57 Este é apenas um daqueles dias em que estou pronto para tudo!
> 58 Uau, eu me sinto ótimo!
>
> Você se sentirá bem consigo mesmo e terá pensamentos harmoniosos.

Quando estamos de bom humor, descobrimos que o corpo exibe esse comportamento. As pessoas sorriem e andam rapidamente. Leonardo da Vinci relatou certa vez que isso não é nenhum mistério, pois é divertido estar perto de pessoas felizes e deprimente estar perto de pessoas deprimidas. Ele também observou uma atmosfera melancólica em muitos retratos. Atribuiu isso à solidão dos artistas e ao entorno deles. De acordo com Giorgio Vasari, Leonardo, ao pintar a *Mona Lisa*, empregou cantores, músicos e bufões para afugentar a melancolia enquanto pintava. Como resultado, retratou um sorriso tão agradável que parece divino e tão vivo quanto o original.

Leonardo tinha algo em mente. Nicholas Christakis e James Fowler, professores da Harvard Medical School, realizaram um estudo para descobrir quem é feliz e por quê.[6] Como parte do estudo, examinaram uma série de fatos que datam de 1971. Descobriram que aqueles que se cercam de pessoas felizes e positivas não são apenas

---

[6] Veja essa discussão em: CAMERON, David. Happiness is a collective — not just individual — phenomenon. **Harvard Medical School**, dez. 2008. Disponível em: <https://hms.harvard.edu/news/happiness-collective-not-just-individual-phenomenon>..Veja também: e CHRISTAKIS, Nicholas A.; FOWLER, James H. Social Networks and Happiness. **Edge**: The Third Culture website. 2008. Disponível em: <www.edge.org/3rd_culture/christakis_fowler08/christakis_fowler08_index.html>. Acesso em: 29 set. 2022.

felizes, mas têm uma felicidade contagiante. Não se trata apenas de pessoas felizes se conectando com pessoas felizes; há um processo de contágio em desenvolvimento. Da mesma forma, cada amigo infeliz que temos aumenta nossa infelicidade em 10%. Christakis e Fowler concluíram que ter uma renda anual extra de 5 mil dólares (em 1984) aumentava a probabilidade de felicidade de uma pessoa em cerca de 2%. Por outro lado, um amigo feliz equivale a cerca de 20 mil dólares de renda anual.

CRIE AS SUAS PRÓPRIAS EXPERIÊNCIAS

Cientistas cognitivos descobriram que o cérebro é um sistema dinâmico, um órgão que desenvolve padrões de atividade em vez de os calcular como um computador. Potencializa-se com a energia criativa da retroalimentação de experiências reais ou fictícias. Um ponto importante a lembrar é que podemos sintetizar a experiência, literalmente criá-la na imaginação. O cérebro humano não sabe dizer a diferença entre uma experiência "real" e uma experiência imaginada vividamente e em detalhes.

Dois exemplos são contados por J. L. Read:

> O coronel da Força Aérea George Hall[7] foi prisioneiro de guerra e ficou trancado em uma caixa escura em uma prisão norte-vietnamita por sete longos anos. Todos os dias, Hall imaginava que era um profissional de golfe e jogava uma partida completa em sua imaginação. Uma semana depois de ter sido liberto do campo de prisioneiros, participou do aberto de Nova Orleans e fez 76 pontos.
>
> Outro relato incrível é o de Vera Fryling, uma adolescente judia que viveu disfarçada em Berlim durante o Holocausto enquanto fugia da Gestapo. Durante esse tempo, imaginava ser uma médica, uma psiquiatra em uma terra livre. Depois de sobreviver às experiências com os nazistas e com o exército soviético e ainda lutar contra um câncer, Fryling acabou indo parar na Faculdade de Medicina de São Francisco.

---

[7] READ, J. L. The power of imagination. **Enchanted Mind**, 1997. Disponível em: <www.enchantedmind.com/html/creativity/techniques/power_of_imagination.html>. [Link consultado pelo autor não disponível na data de publicação desta obra. (N.E.)]

Fryling não fingiu ser médica. Ela imaginava que era médica e transformou a imaginação em realidade ao representar esse papel. A imaginação foi fundamental para superar os horrores dos anos nazistas enquanto esteve escondida. Você se transforma naquilo que acredita ser. A realidade se adapta à sua crença.

Contudo, a maioria de nós, quando examina a própria vida, vê apenas o que não tem e quem não é, e se concentra nessas carências. Isso também é um ato da imaginação. Criamos a nós mesmos com pensamentos negativos sobre quem somos e sobre quem seremos no futuro.

Observei a minha mãe superar todo tipo de adversidade durante a vida. Aprendi uma lição com a crença dela: a de que você constrói a própria realidade. Por mais sombrias que fossem as nossas perspectivas, a minha mãe nunca reclamou. Para ela, reclamar do que não tínhamos ou reclamar da injustiça da vida era um desperdício de energia. Ela sabia que criamos a própria felicidade fazendo o melhor que podemos com o que tivermos em mãos.

EXPERIMENTO MENTAL

Pense em algo sobre a sua vida que você gostaria de mudar ou melhorar. Sente-se, relaxe, feche os olhos e fantasie o que você realmente gostaria que acontecesse na sua vida. Não estabeleça nenhuma limitação e não fique cheio de dúvidas. Lembre-se, ninguém mais julgará essa fantasia nem impedirá que ela aconteça. Só você tem o poder de impedir a realização. Se a fantasia for curar o corpo, então imagine-se no momento mais saudável já vivido. Volte a ele e reviva-o como uma ocorrência real no presente. Acredite que você pode recuperar a saúde, e esse método facilitará a cicatrização. Médicos cada vez mais esclarecidos, entre eles Deepak Chopra, afirmam isso. Temos o poder de fazer o que quisermos se primeiro imaginarmos isso na nossa mente.[8]

IKIRU

A obra-prima do cinema japonês *Ikiru*, de Akira Kurosawa, conta a história do velho Kanji Watanabe, um funcionário público que

---
[8] Ibid.

trabalhou na burocracia por trinta anos. Ele determina sua autoestima conforme os outros o veem. Pensa em si mesmo como um objeto e passa a vida impedindo que as coisas aconteçam. É viúvo e nunca se casou novamente, pois os parentes disseram que era muito velho e pouco atraente para um novo matrimônio. É pai de um filho ingrato que o despreza por não ser rico. Não se esforça para melhorar a carreira, pois foi informado pelo supervisor que não tem formação nem inteligência para ser mais do que um simples empregado. Considera-se um grande fracassado. Anda curvado, arrastando os pés e com olhos derrotados.

Quando lhe dizem que tem câncer terminal, Kanji Watanabe olha em retrospecto para o deserto de sua existência e decide fazer algo notável, tornando-se o protagonista da própria vida pela primeira vez. Decide construir, contra todos os obstáculos, um parque em uma favela suja de Tóquio. Ele não tem mais medo e não sente mais as limitações autodestrutivas. Ignora o filho quando este diz que Kanji Watanabe é motivo de chacota no bairro, e ignora os parentes e vizinhos que imploram para que deixe de ser tolo. Ele ignora também o supervisor, que se sente envergonhado pelo velho e finge não o conhecer.

Como sabia que ia morrer em pouco tempo, Kanji não se importava com o que as outras pessoas pensavam sobre ele. Pela primeira vez na vida, sentia-se livre e vivo. Aparentemente, trabalhava e trabalhava, sem medo de ninguém nem de nada. Sentindo como se não tivesse nada a perder, ganhou tudo em pouco tempo. Quando finalmente morreu na neve enquanto empurrava uma criança no balanço do parque que ele havia construído, estava cantando.

Kanji Watanabe tornou-se o sujeito da própria vida. Ficou alegre em vez de se sentir infeliz; inspirou-se em vez de se sentir indiferente, e riu de si mesmo e do mundo em vez de se sentir humilhado e derrotado. Aproveitou a chance.

CONCLUSÃO

Dançando na chuva

**VIVER NÃO É ESPERAR PELO BRILHO DO SOL.
VIVER É APRENDER A DANÇAR NA CHUVA.**

Acendi a minha lareira um dia desses. Coloquei as toras em tal posição de modo que houvesse canais para as correntes de ar. Quando o ar começou a correr, chamas amarelas saltaram dos troncos. Cada tronco brilhava com intensidade total. Quando o fogo se apagou, os troncos haviam queimado por completo. Não existia nada além de um monte de poeira.

Havia uma enorme diferença entre esse fogo e outros fogos que acendi, que eram apenas pilhas de toras em chamas e que precisavam ser cutucadas continuamente para manter o fogo aceso. Era possível dizer que um fogo estava vivo e que os outros estavam mortos. Contudo, todos sabemos que o fogo não é um ser vivo. Se pressionado a explicar por que um fogo estava vivo e outro morto, não consigo dizer, posso apenas sentir.

Da mesma forma, a música de Mozart está viva, assim como a poesia de E. E. Cummings, a *Mona Lisa*, o computador Apple, de Steve Jobs, e a chama de uma vela. Nos cadernos de Leonardo da Vinci e de Thomas Edison, os esboços e as ideias parecem ter vida própria. Todos sabemos que alguns produtos empresariais, como uma caneta Montblanc, são mais vivos do que outros. O físico ganhador do Prêmio Nobel Richard Feynman até fez a eletrodinâmica quântica, uma ciência seca e sem vida, ganhar vida com seus famosos diagramas.

Estou, é claro, falando metaforicamente. A metáfora nos faz acreditar que encontramos uma maneira de compreender esse sentido da vida. Algumas pessoas também parecem mais vivas e criativas do que outras. No âmbito da humanidade, uma pessoa que fala, anda e trabalha pode estar viva e autocriar ou parecer sem vida e monótona. Isso é algo que todos nós sabemos, mas nunca falamos a respeito.

O que faz algumas pessoas parecerem especialmente vivas e outras parecerem sem vida e monótonas? Olhe para a natureza a fim de obter as respostas. Um exemplo é a mariposa-imperador, que, com a grande envergadura, é a mais grandiosa de todas as mariposas. As asas largas se estendem majestosamente quando ela voa. Contudo, antes de poder se transformar em uma mariposa adulta, ela tem que ser uma pupa em um casulo.

Se você encontrar o casulo de uma mariposa-imperador, leve-o para casa para que possa ver a mariposa sair do casulo. Um dia, você notará uma pequena abertura, e então verá a mariposa lutar para forçar o corpo a sair por aquele pequeno buraco. A luta levará horas, e a mariposa às vezes parecerá ter sucumbido. Se você tentar ajudar a mariposa, alargando o buraco com uma faca ou tesoura, ela emergirá facilmente, mas terá um corpo inchado e asas pequenas e enrugadas. Na verdade, a pequena mariposa vai passar o resto da vida rastejando com um inchaço no corpo e asas murchas. Nunca voará.

O casulo restritivo e a luta necessária para sair pela pequena abertura é a maneira de obrigar que o fluido do corpo vá para as asas, permitindo que a mariposa esteja pronta para voar assim que se libertar do casulo. Se a mariposa é privada da luta, também é privada da saúde. Às vezes, as lutas são exatamente aquilo de que precisamos para nos tornarmos verdadeiramente vivos. Quando penso em pessoas vivas e alegres, penso em Richard Cohen.[1]

Talvez você não conheça Richard Cohen. É o autor de *Blindsided: Lifting a Life Above Illness*. Ele vive uma vida definida pela doença. Tem esclerose múltipla, é oficialmente cego, quase não tem voz e sofre de dores crônicas, o que dificulta o sono e o deixa constantemente exausto. Dois episódios de câncer de cólon nos últimos cinco anos prejudicaram seus intestinos. Embora esteja atualmente livre do câncer, vive com desconforto constante.

Cohen trabalhou como produtor para a CBS até ficar fisicamente incapaz de continuar. Como a doença crônica e a deficiência física o impediram de se envolver em muitas atividades, ele inicialmente ficou desanimado. Amigos e parentes o encorajaram a procurar a ajuda profissional de um psicólogo, mas ele recusou. Sentia que os psicólogos sempre se concentravam no que estava errado e em explicar por que as pessoas se sentem inúteis. Como a mariposa-imperador, Richard decidiu usar as próprias lutas para se tornar verdadeiramente vivo.

Cohen reconheceu as consequências inevitáveis da doença, mas também reconheceu que só ele controlava o próprio destino. Cohen disse: "A única coisa que está sempre sob o meu controle é o que está acontecendo na minha cabeça.[2] A primeira coisa que fiz foi pensar no que eu sou e como poderia prevalecer. Ao escolher os meus sentimentos de forma consciente, posso controlar as minhas mudanças de humor e me sentir bem comigo mesmo a maior parte do tempo". Ele cultiva uma atitude positiva em relação à vida, interpretando todas as experiências de forma positiva.

Cohen disse que a vida é como estar em um navio em movimento. Você sabe que vai escorregar. Vai agarrar as coisas. Vai cair. E é um desafio constante se levantar e se esforçar para ficar em pé.

---

[1] COHEN, Richard. **Blindsided: lifting a life above illness**. New York: HarperCollins, 2004.

[2] Ibid.

Pensamento criativo

Mas, no final, diz ele, a sensação mais emocionante do mundo é ficar em pé e seguir em frente com um sorriso.

Richard Cohen é o sujeito de sua vida e controla o próprio destino. As pessoas que vivem como sujeitos são maravilhosamente vivas e criativas. Certa vez, em uma tarde chuvosa de domingo, em um café lotado em Old Montreal, vi uma mulher se levantar da mesa e, sem motivo aparente, começar a cantar. Ela sorria e se sentia totalmente à vontade. Usava um chapéu largo e branco e esticava os braços com gestos exagerados enquanto cantava árias de ópera. Alheia ao entorno, cantava como um pássaro canta depois de uma tempestade. O tempo parecia ter parado naquele momento. É possível que, ao ler isso, você pense em pessoas que conheça que estão vivas e em pessoas que não parecem ter vida alguma.

A mulher no café estava maravilhosamente viva e autocriando-se. Quando conhecer pessoas como Richard Cohen ou como a mulher em Montreal, você poderá ter uma vaga sensação de que "deveria ser" algo mais. Você já conhece essa sensação. Sentimos isso quando reconhecemos no outro o que desejamos ser. Desejamos nos tornar mais vivos e criativos na nossa vida pessoal e empresarial. Este é o sentimento mais primitivo que uma pessoa pode ter.

Não é fácil expressar esse sentimento em palavras. A pessoa que acredita ser protagonista da própria vida é franca, de mente aberta e caminha adiante, com sinceridade, enfrentando as situações livremente e esperando cada novo dia com um sorriso. A pessoa que acredita ser um objeto na vida é inibida, sente-se empurrada ou conduzida, agindo por obrigação ou intimidação, e só tem vontade que o dia termine.

Anos atrás, estive na Universidade St. Bonaventure, no estado de Nova Iorque, para visitar o padre Tom, um dos homens mais sábios que conheço. Na época, eu me sentia algemado por causa das minhas responsabilidades, das minhas obrigações familiares e das expectativas dos outros. Pedi conselho ao padre Tom. Em vez de responder diretamente, ele se levantou de um salto e disparou rumo a uma árvore próxima. Jogou os braços ao redor da árvore, agarrando-a, enquanto gritava:

— Salve-me desta árvore! Salve-me desta árvore!

Eu não podia acreditar no que via. Achei que ele tivesse enlouquecido. Os gritos logo trouxeram uma multidão de pessoas.

— Por que você está fazendo isso? — perguntei. — Vim até você para receber um conselho, mas você obviamente está louco. Está segurando a árvore; a árvore não está segurando você. Pode simplesmente soltá-la.

O padre Tom soltou a árvore e disse:

— Se você consegue entender isso, já tem a resposta. As correntes dos seus apegos não estão prendendo você; é você quem as segura. Pode simplesmente soltá-las.

EXPERIMENTO MENTAL

Pare um momento e imagine ser um alpinista; depois, leia o cenário a seguir.

Você está escalando uma das maiores montanhas do mundo e está muito perto de atingir o pico, um objetivo que teve a vida toda. Preparou-se física e mentalmente para isso.

Você está começando o trecho final da escalada quando decide descansar em uma pequena saliência que se projeta a cerca de 1 metro da montanha. Vê outro alpinista se aproximando por baixo. Ele sobe e se junta a você na borda. Está usando uma corda amarrada à cintura e segura a ponta solta nas mãos. Ele estende a ponta da corda e diz:

— Com licença, você faria a gentileza de segurar a ponta por um momento?

Você pega a corda.

— Obrigado — diz o homem que, então, acrescenta: — Use as duas mãos agora e lembre-se: segure firme.

Para a sua surpresa, o homem pula e grita:

— Não solte! Cairei mil pés se você fizer isso.

Você segura com toda a força. O homem está suspenso sobre um abismo, com certeza morrerá se cair. Você tenta puxá-lo para cima, mas ele é muito pesado. Oferece sugestões sobre como ele poderia escalar a corda. O homem responde:

— Segure firme. Não solte. Se me soltar, vou morrer.

Você puxa e puxa, mas nada funciona. A noite começa a cair e está ficando frio. Você tem que fazer alguma coisa ou não alcançará o topo, que você pode ver em meio à névoa.

Você pensa em uma maneira de o homem enrolar a corda em volta de si mesmo e ir puxando para cima com as mãos. Grita as instruções, e o homem responde:

— Não, por favor, por favor, não solte. Cairei e morrerei se você fizer isso.

Você tenta persuadi-lo, fala e grita com o alpinista, mas é tudo em vão. Você pensa novamente sobre o fato de que está ficando sem tempo e grita as instruções mais uma vez.

— Ouça com atenção o que vou dizer. Não aceitarei a responsabilidade pela sua vida, apenas pela minha. Se você não me ajudar enquanto eu estiver ajudando você, não posso fazer mais nada. Vou soltar a corda.

O homem responde:

— Não, espere. Se me soltar, vou morrer. Apenas segure firme.

Você espera e puxa, e o homem não faz nada além de segurar a corda. Não faz esforço algum.

Você solta a corda e sobe até o topo da montanha.

Agora, pare um momento e pense nesse cenário. Há algo na sua vida que você está segurando e que é representado pelo alpinista? O que o impede de continuar com a sua vida? Pense no que está na outra extremidade da corda e pense no que significaria soltá-la. Vale a pena ficar preso para manter essa coisa viva? O que realmente acontecerá se você a deixar ir?

Uma vez que consegue se imaginar soltando o alpinista, sente uma tremenda emoção. O poder das metáforas reside no fato de que elas falam com a mente inconsciente. As metáforas encorajam o processamento inconsciente das informações. Visualizar essa história repetidamente tornará cada vez mais fácil para você "soltar" os medos e as experiências traumáticas.

ARRISQUE-SE

É preciso se arriscar na vida e soltar as coisas que nos seguram. Não podemos conectar os pontos da vida enquanto esperamos; só podemos conectá-los olhando para trás. Precisamos confiar em nós mesmos e seguir em frente com esperança e desejo. Quando criança, fui ensinado a buscar segurança em pontos fixos e estratégicos. Um dia, ao me aproximar de um riacho com alguns amigos, planejei os meus movimentos como sempre, visualizando que usaria as rochas como degraus, colocando um pé em cada pedra para atravessar o córrego. Assim que comecei a atravessar o riacho, percebi que, se parasse apenas por um momento, cairia na água. A única maneira de atravessar era continuar andando, em vez de fazer uma série de transições entre pontos de parada fixos. Naquele momento, percebi que a segurança não estava em agarrar pontos fixos, mas no fluxo e no movimento contínuo.

Muitos trabalhamos em um ambiente corporativo, e a natureza burocrática nos faz sentir confinados. Se nos livrássemos do medo de sermos demitidos, ridicularizados ou rebaixados, e seguíssemos os nossos instintos, o que aconteceria? Uma pessoa que deixou de lado os medos foi o lendário Richard Drew, da 3M. Histórias sobre ele e sua incrível criatividade e motivação são muitas vezes usadas em reuniões da 3M para inspirar novos funcionários. Lewis Lehr, ex-presidente e CEO da 3M, disse que, se Dick Drew não tivesse trabalhado lá, a 3M poderia não existir hoje, ou, na melhor das hipóteses, seria muito menor do que é.

Drew era um tomador de riscos consumado, constantemente levando o trabalho para além dos limites. Ele ignorou o chefe quando foi sumariamente proibido de trabalhar no desenvolvimento da fita adesiva, obrigando-o a voltar a trabalhar na melhoria de um tipo de lixa úmida ou seca. O fato de Drew ter ignorado a ordem e não ter sido demitido fala muito sobre ele e sobre a filosofia de gestão da 3M, mesmo naquela época. Mostra que Drew acreditava em si mesmo, apesar de qualquer obstáculo, e informa que a administração da 3M tinha uma compreensão intuitiva da necessidade de deixar o talento criativo em paz e apostar em suas ideias.

Depois de criar a versão inicial da fita adesiva, Drew pediu a um executivo permissão para comprar uma máquina de fabricação de papel de 37 mil dólares. Disse que iria melhorar a fita adesiva, que tinha sido feita com papel crepe. O executivo Edgar Ober disse a Drew que esperasse um tempo porque as finanças estavam apertadas e não sentia que valia a pena gastar com a máquina naquele momento. Seis meses depois, Drew levou Ober ao laboratório, e lá estava a máquina de fabricação de papel trabalhando produtivamente na elaboração de um suporte amplamente melhorado para a fita adesiva. Ober ficou pasmo e zangado! Perguntou a Drew de onde a máquina tinha vindo. Drew explicou que simplesmente tinha apresentado várias ordens de compra de 100 dólares nos últimos seis meses. A máquina foi paga com as pequenas quantias de dinheiro que ele tinha autorizado a gastar por conta própria e contribuiu para o sucesso comercial fenomenal da 3M.

Drew também encorajava a equipe de trabalhadores a perseguir seus objetivos implacavelmente enquanto perseguia os seus. Um dia, um subordinado foi até Drew com uma ideia que o empolgava. Apresentou a ideia com entusiasmo e recostou-se para esperar a resposta de Drew, que fez uma pausa para refletir e então respondeu: "Sua ideia me deixa mais frio do que um bode no inferno". Antes que o outro homem ficasse desanimado, Drew disse a ele: "É óbvio que você acredita tanto nessa ideia que vou demiti-lo se não continuar trabalhando nela, independentemente do que penso ou do que qualquer outra pessoa por aqui pense".

Steve Jobs,[3] CEO da Apple Computer, é outro exemplo dessa capacidade de soltar e viver em movimento contínuo. Sua mãe biológica era uma jovem universitária solteira que decidiu dá-lo para adoção ao nascimento. Estava fortemente convencida de que ele deveria ser criado por pessoas já graduadas e arrumou tudo para que fosse adotado por um advogado e sua esposa. Quando Jobs nasceu,

---

[3] Parafraseado do discurso de Steve Jobs na Stanford University: 'You've got to find what you love,' Jobs says. **Stanford News**, 14 jun. 2005. Disponível em: <http://news.stanford.edu/news/2005/june15/jobs-061505.html>. Acesso em: 29 set. 2022.

o casal decidiu no último minuto que na verdade queria uma menina. Então, as pessoas que se tornariam seus pais, e que estavam em uma lista de espera, receberam uma ligação no meio da noite dizendo: "Temos um menino inesperado; querem ficar com ele?". Os dois responderam: "Claro!". A mãe biológica de Jobs descobriu mais tarde que sua mãe adotiva nunca se formou na faculdade e que seu pai adotivo nunca se formou no ensino médio. Ela se recusou a assinar os papéis finais de adoção. Só cedeu alguns meses depois, quando os pais prometeram que um dia ele iria para a faculdade.

Dezessete anos depois, Jobs foi para a faculdade. Contudo, ingenuamente escolheu uma faculdade cara, e todas as economias de seus pais, da classe trabalhadora, foram gastas nas mensalidades. Depois de seis meses, Jobs não conseguia ver valor naquilo. Não tinha ideia do que queria fazer da vida, e não fazia ideia de como a faculdade o ajudaria a descobrir, então decidiu desistir e seguir em frente com a vida. Mais tarde, revelou que isso foi bastante assustador na época, mas, olhando para trás, reconheceu que foi uma das melhores decisões que já tomou. No minuto em que desistiu, parou de fazer as aulas obrigatórias, que não lhe interessavam, e começou a se dedicar às que realmente atraíam seu interesse.

Ele dormia no chão nos quartos dos amigos, vendia garrafas de Coca-Cola pelos depósitos para comprar comida e andava cerca de 10 quilômetros pela cidade todos os domingos à noite para obter uma boa refeição semanal no templo Hare Krishna. Muito do que viu por seguir a curiosidade e a intuição acabaram sendo inestimáveis mais tarde.

A Faculdade Reed naquela época oferecia talvez a melhor aula de caligrafia do país. Como havia desistido da faculdade e não precisava fazer as aulas habituais, Jobs decidiu estudar caligrafia. Aprendeu sobre os tipos de letra com serifa e sem serifa, sobre como variar a quantidade de espaço entre as diferentes combinações de letras e sobre o que faz a tipografia ser ótima.

Não havia esperança de que aquilo tivesse alguma aplicação prática na vida, mas, dez anos depois, quando projetou o primeiro computador Macintosh, todos esses conhecimentos voltaram para ele ao desenhar a tipografia incorporada ao Mac. E, como o Windows acabou copiando a tipografia do Mac, é provável que nenhum computador pessoal poderia ter oferecido o número de fontes que o Mac tinha. Se Jobs nunca tivesse abandonado a faculdade, nunca teria participado dessas aulas de caligrafia, e os computadores pessoais não teriam a maravilhosa tipografia que têm.

Steve Jobs foi capaz de deixar de lado as expectativas dos pais e da mãe biológica, e seguir em frente, movido pela curiosidade e pelo desejo inquieto de descobrir algo mais.

EXPERIMENTO MENTAL

Pense em como você está vivendo. Imagine que você terá que viver de novo e de novo, um número infinito de vezes, do jeito que está vivendo agora e viveu no passado. Cada dor, cada alegria e cada pensamento serão revividos novamente, na mesma sequência, até mesmo o momento em que você lê este parágrafo.

Enquanto imagina a eterna ampulheta da existência sendo virada de novo e de novo, esse pensamento traz angústia? Ou reviver cada momento repetidas vezes seria a confirmação final da sua vida?

Matthew Crawford pensou em como estava vivendo. Terminou o doutorado em filosofia política na Universidade de Chicago e foi contratado por um prestigioso centro de estudos em Washington D.C. Depois de cinco meses, não entendia por que recebia para fazer o que fazia. Estava sempre cansado e havia perdido até o respeito próprio enquanto realizava um trabalho que não tinha um produto discernível nem um resultado mensurável. Basicamente, ele estava gerenciando informações, e sua autoestima dependia das opiniões dos outros. Apesar da renda e do cargo, sentia que não passava de um empregado.

Crawford largou o emprego e começou a consertar motocicletas em uma fábrica decadente em Richmond, Virgínia. Sua jornada de filósofo-intelectual a filósofo-mecânico forma a coluna vertebral do seu livro *Shopcraft as Soulcraft*. Crawford afirma que um escritório é, na melhor das hipóteses, "um lugar de educação moral"[4] em que os gerentes atuam como terapeutas, concentrando-se em transformar os trabalhadores em jogadores de "equipe". O indivíduo começa a acreditar que está sozinho e que o que ele faz não tem efeito. Torna-se passivo e desamparado e tem dificuldade de imaginar como poderia ganhar a vida de outra forma.

A "massificação do ensino superior" criou esse cenário sombrio, diz Crawford, pois todos devem ir para a faculdade, ou serão vistos como estúpidos e/ou desempregados. Depois de obter um diploma, a pessoa deve arrumar um trabalho em que faça um "trabalho inteligente, limpo, divertido e bem pago".[5] No entanto, conseguir um trabalho inteligente e bem pago está se tornando cada vez mais difícil.

Crawford decidiu fazer algo que fosse significativo para ele e tornou-se mecânico de motos. Ignorou as expectativas de outras pessoas sobre ele e seu doutorado. Para ser feliz, tudo o que precisava era estar disposto a sujar as mãos com graxa.

Cada pessoa está ciente da beleza do potencial que reside dentro de si. Vemos isso em Richard Cohen, Richard Drew, Steve Jobs, Matthew Crawford e naquela maravilhosa cantora de ópera em Montreal.

A minha história favorita sobre o potencial humano é uma que ouvi sobre um homem que trabalha em um supermercado ensacando as compras feitas. Disseram-me que o nome dele é Johnny e que ele tem síndrome de Down. Um dia, o dono da loja pediu aos funcionários que tentassem fazer algo especial para os clientes criarem boas lembranças sobre o mercado a ponto de desejarem voltar. Os gerentes e funcionários discutiram as ideias, mas, quando Johnny tentou se envolver, foi ignorado.

Johnny estava acostumado a ser tratado com indiferença pelos gerentes, então isso não o incomodou. Pensou e pensou sobre o que poderia fazer como empacotador de supermercado. Pensou nas

---

[4] CRAWFORD, Matthew. **Shopcraft as soulcraft**. New York: Penguin, 2009.
[5] Ibid.

coisas que o faziam se sentir bem. A coisa favorita que fazia todos os dias ao chegar em casa era procurar uma citação, ou inventar uma se não conseguisse encontrar algo do qual gostasse, repetindo-a silenciosamente para si mesmo durante todo o dia seguinte, no trabalho. Então, concluiu que, se aquilo fazia que se sentisse bem, também faria os clientes se sentirem bem.

Começou a entregar a citação diária ao pai, que a digitava no computador e a imprimia, dando a Johnny várias folhas. Cada página tinha muitas cópias da citação, e Johnny recortava cada uma delas, assinava o nome no verso e as levava para o trabalho. Enquanto ensacava as compras, colocava uma citação na sacola e dizia: "Obrigado por comprar conosco".

Um mês depois, o proprietário notou que a fila do caixa de Johnny estava cinco vezes maior do que outras. Tentou encorajar os compradores a passar para as outras filas, mas, incrivelmente, ninguém queria mudar. Disseram que queriam o "pensamento do dia" de Johnny. Três meses depois, o proprietário descobriu que o espírito de Johnny havia se estendido por toda a equipe, e cada funcionário agora tentava adicionar um toque extra para fazer as pessoas se sentirem especiais.

Muitas vezes, penso no potencial humano e em como a coragem e a vontade necessárias para superar as adversidades pessoais podem transformar tarefas comuns em exemplos extraordinários de inspiração. E, quando faço isso, penso em Johnny.

Use os talentos que você tem.
A floresta seria silenciosa
se nenhum pássaro cantasse
além dos que cantam melhor.

AUTOR DESCONHECIDO

APÊNDICE

Palavras aleatórias

Use esta lista de palavras aleatórias com a técnica descrita no capítulo 6. As palavras são simples, visuais e ricas em conexões. Feche os olhos e selecione aleatoriamente uma (ou mais) palavras, depois, liste as características e todas as associações. *(Consulte as diretrizes no capítulo.)*

banco	teto	rosa	pó
envelope	lago	mosca	Bíblia
vassoura	violino	fóssil	sapato
rádio	doce	manteiga	névoa
senhorio	calha	noz	futebol
caixa	computador	galho	ponte
torrada	tinta	pássaro	corda
sopa	homem	espada	polia
tintura para cabelo	cola	motor	dedo do pé
	água	monstro	mulher
cerveja	garrafa	cão	arado
tambor	luz de neon	campo	colchão
ovo	haste	arma de fogo	pôr do sol
carne	prisão	ácido	portão
xícara	sacola	carimbo	relógio
guarda-chuva	cadeia	besouro	alergia
gancho	torpedo	sol	carro
porta	concha	verão	estrada
janela	inseto	gelo	zoológico

Pensamento criativo

museu	polvo	espeto	indiano
pintura	fumaça	giratório	cobra
areia	gancho	lixo tóxico	raposa
cardápio	ímã	café	lagosta
índice	espaguete	cinzas	Satanás
livro	balada	marmota	balão
cinzeiro	tachinha	caixa torácica	molho
isqueiro	gravata	estacionamento	acne
quadril	pia	pulmões	cristal
rato	lentes bifocais	discurso	camarão
pôster	televisão	matemática	exército
corredor	gelatina	guerra	beterraba
leite	olho	brunch	tijolo
cavalo	panela	barcos à vela	prostituta
maré	aliança	espelhos	ketchup
nó	vinho	bardana	dinamite
semente	impostos	lama	diamante
erva daninha	porco	cesto de lixo	camelo
hematoma	enxada	relógio	folha
banheiro	rato	bandeira	trem
armário	frigideira	capacete	frios
camisa	gôndola	cacto	licor
bolso	coco	vaqueiro	piloto
tubo	telefone	taberna	batom
borracha	granizo	borboleta	caviar
câncer	pedágio	cubo	perfume
avião	caderno	raio X	chiclete
comprimido	dicionário	dinheiro	queijo
bilhete	arquivo	revista	chama
ferramenta	salão	chave de fenda	fruta
martelo	nuvens	vídeocassete	presunto
círculo	vulcão	aparelho de som	rodovia
agulha	mala de viagem	tinta	lingerie
trapo	peixe	valas	jujuba
fumaça	luminária	navalha	bolha
árbitro	biblioteca	chá	coroinha
céu	universidade	conta-gotas	bicho de estimação
oceano	fulcro	ator	estetoscópio
pimenta	churrasqueira ao ar livre	mendigo	borracha
válvula	vasilha	rainha	biquíni
triângulo	chaminé	artista	desfiladeiro
termostato		tempestade	cartas
tubo			

PALAVRAS ALEATÓRIAS

- botão
- colete à prova de balas
- filme
- pista de pouso
- flamingo
- polícia
- Casa Branca
- lava
- floresta tropical
- ilhas
- nascer do sol
- plástico
- hindu
- argila
- gourmet
- assado
- calor
- lodo
- fogueira
- fogos de artifício
- tomates
- língua
- fratura
- melancia
- Natal
- político
- codorna
- handebol
- fuzil
- rosquinha
- louco
- amendoim
- dança
- canção
- congresso
- flecha
- mel
- banho
- iglu
- banheira
- régua

- nômade
- metrô
- missa
- elo perdido
- veia
- caminhão
- monge
- jantar
- rótulo
- laboratório
- lixa
- calço
- gueto
- mulher do saco
- fantasma
- atleta
- rebanho
- flauta
- vara
- constituição
- lenço
- chave
- troféu
- zodíaco
- peru
- surfe
- geladeira
- dragão
- tartaruga
- algas marinhas
- *goulash*
- lama
- verme
- planeta
- ópera
- camaleão
- verruga
- cogumelo
- gasolina
- música
- recesso
- chuva
- hóquei

- enguia
- foguete
- barcaça
- lixo
- pirâmide
- cúpula
- capela
- trovão
- lagartas
- jaguar
- vaga-lume
- vespa
- lua
- musgo
- panda
- estômago
- escova
- glândula
- intestino
- campainha
- mármore
- nó
- bomba
- árbitro
- tubarão
- cebola
- garagem
- rum
- sótão
- chaminé
- lanchonete
- mochila
- circo
- formiga
- grampo
- chave-inglesa
- estrondo
- software
- estrela
- coroa
- freio
- impressão digital

- guerrilha
- iodo
- relógio de sol
- esquilo
- bigode
- órgão
- molar
- padre
- doutor
- sal
- boca
- horizonte
- grelha
- vela
- banjo
- tamanduá
- barraca
- velório
- engrenagem
- tapete
- windsurfista
- champanhe
- salmão
- roupa íntima
- fralda
- alça
- microfone
- azeitona
- mapa
- cupom
- espuma
- sangramento nasal
- pódio
- uísque
- chapéu
- jato
- refrigerante
- farol
- confissão
- roleta
- nave espacial
- juiz

Pensamento criativo

- sabão
- dados
- tomada
- nariz
- Apolo 13
- marcador de páginas
- tocha
- túmulo
- lata
- ouro
- barata
- exibição
- holocausto
- imposto
- cordeiro
- azulejo
- piano
- horizonte
- riacho
- neve
- biologia
- vaca
- curativo
- calendário
- calculadora
- bolo
- cerca
- escova de dente
- arco-íris
- apartamento
- vagão
- lupa
- arame
- doca
- rocha
- geleia
- prata
- microscópio
- unhas
- pistão
- escada

- ônibus
- brinquedo
- cabelo
- elástico de borracha
- lago
- sonho
- lápis
- bife
- modelo
- bússola
- tatuagem
- isolamento
- pernas
- trigo
- pão
- papel
- refrigerante
- seguro
- estandarte
- peso de papel
- grelha
- rifle
- clipe de papel
- eletrocardiograma
- copiadora
- escrivaninha
- vibrador
- brincos
- ducha
- colete
- caranguejo
- loteria
- ancinho
- soldado
- disquete
- colar
- lanterna
- monumento
- barragem
- professora
- banco

- China
- fã
- volante
- orelha
- feijões
- vela de ignição
- bastão
- cortador de grama
- buraco
- suportes para livros
- mosca
- abotoaduras
- cinto
- balé
- espingarda
- sujeira
- creme
- pele
- colher
- balanço
- patins
- cortina
- cera
- mangueira
- golfe
- biscoito da sorte
- mudança
- atlas
- topo
- cursor
- pneu
- gaveta
- meia
- táxi
- zebra
- elevador
- escadaria
- galho
- lavanderia

- caixa de ferramentas
- *hashi*
- roupão de banho
- consciência
- giz
- mesa de sinuca
- pote
- pulseira
- satélite
- bota
- helicóptero
- vara de pescar
- arroz
- poça
- xadrez
- ensopado
- garçom
- ganso
- sanduíche
- tênis
- cadeira
- calhas
- zíper
- anúncios de emprego
- furadeira
- laranja
- tabaco
- mito
- jornada
- criança
- águia
- fantasia
- paraíso
- cérebro
- peixinho
- sociedade
- exame
- Gênesis
- pele

PALAVRAS ALEATÓRIAS

- seda
- terremoto
- supermercado
- coleira
- saquinho de chá
- macarrão
- teatro
- mastro
- cabine
- osso
- búfalo
- pipa
- aro
- arqueiro
- caçador
- interseção
- pai
- planta da casa
- floresta
- cabana
- iceberg
- caracol
- selva
- cabana de madeira
- xarope
- lista telefônica
- algemas
- vácuo
- tribunal
- batata *chips*
- venda nos olhos
- dentes
- flores
- baleia
- chocolate
- manto
- rolamentos
- trava
- terrorista
- lava-louças

- calota
- caixa de papelão
- açúcar
- jogo
- tranca
- vapor
- pires
- Broadway
- controle remoto
- crucifixo
- vento
- gibi
- rolo
- capacho
- Volkswagen
- safári
- relâmpago
- escultura
- borda
- teclado
- figo
- polo
- beira-mar
- casa da cidade
- anjo
- papel de parede
- torre
- cozinha
- lupa
- jardim
- general
- sobrancelha
- capítulo
- catálogo
- gorro
- pecado
- sombra
- células
- mão
- sexo

- incêndio
- poema
- sangue
- castelo
- psicologia
- Graal
- símbolo
- globo
- ceifa
- cruz
- blocos
- tela
- vaso
- porão
- logotipo
- tronco
- picles
- pombo
- chicote
- fiapo
- paraquedas
- pudim
- salsinha
- macaco
- calçada
- vodca
- suicídio
- empregada
- pente
- quadro
- armação
- jipe
- Rolex
- caixa de correio
- xampu
- pingente
- trilho
- megafone
- arranha-céu
- horizonte
- pedreiro
- joias

- volta
- suéter
- banda
- luva de boxe
- laço
- jeans
- aéreo
- giz de cera
- limpador de tubulações
- fita
- apontador
- pilha
- cintura
- roda
- bastão
- orquestra
- suspensórios
- sutiã
- trator
- castiçal
- jornal
- secretário
- vendedor
- cavalete
- enchente
- barata
- frigideira
- corte de cabelo
- açougueiro
- jantar
- cama
- armário
- professor
- cereal
- algodão
- folheto
- mimo
- cotovelo
- medalha
- fonte
- unha
- barba

Pensamento criativo

estudante	relógio de cuco	sacada	capa de chuva
dedão	navio de cruzeiro	comunista	amanhecer
cesta		cerca	motor a vapor
bolsa	etapa	celebridade	penhasco
arco	binóculos	couro	costura
capa	público	floco de neve	tumor
dicionário de sinônimos	pele de animal	salada	área
	suco	senador	escritório
oficina	bufê	bomba	psicologia
cheesecake	marido	aeroporto	Páscoa
gangue	bactérias	fubá	cicatriz
prateleira	espírito	talos de milho	dançarino
almôndega	sauna	estrume	herói
fita	monopólio	trompete	medo
caixão	mofo	cone	hambúrguer
prado	adolescente	temperatura	bem-estar
ciclone	algemas	granada	vaselina
lábios	jogo de peças	corrida	mídia
melancia	xadrez	comerciante	risada
joelho	andaime	caixa	diretor
pântano	inferno	salgueiro	roteiro
fornalha	milagre	bastão	contrato
bingo	palmeira	cantina	previsão
erva daninha	coro	cabaça	rede
papel	salsicha	poliéster	arenque
estúdio	curiosidades	chapéu de boiadeiro	guerreiro
remendo	crosta		oculto
água sanitária	oásis	minuto	taco
cordão	corrente	terrorista	arbusto
alicate	refém	biscoito	rebocador
mágico	caspa	carne	títulos
torneira	costela	chão	luva
escritório	bolinho	celeiro	peruca
varinha	droga	golfinho	desinfetante
gráfico	sapo	porta-aviões	notícias
amplificador	piloto	submarino	tela
linha	*milkshake*	recife	internet
geada	carrinho de mão	cassino	brisa
cinto		revolução	cartão-postal
fogão	nível	arco	beterraba
hotel	tia	rótula	fotografia
mamilo	espinha	sopa de beterraba	couro cabeludo
trailer	pizzaria		

PALAVRAS ALEATÓRIAS

cremação	crosta	auditório	molho
rede	detetive	cronômetro	adubo
escritura	Inglaterra	aneto	poesia
âncora	bolinho de	cortiça	dinamite
couve-flor	massa	preservativo	feixe
acumulador	nu	micro-ondas	superpetroleiro
culto	ensaio	rinoceronte	planetário
centavo	viajante	marshmallow	guepardo
robótica	fração	espantalho	Olimpíadas
engenheiro	salsicha	feixe	truta
alcatrão	headhunter	vieira	tesoura
bordo	palitos de	abóbora	duna
sala de aula	fósforo	encanador	testa
papa	gordo	baladeiro	Jerusalém
estatístico	coelho	oficial	silencioso
bombardeiro	pato	persiana	currículo
livro didático	palavras	pino de	cavidade
fronteira	cartucho	segurança	água-viva
artemísia	anão	carga	fígado
(planta)	transporte	limão	escudo
alumínio	avião a jato	liga	combustível
semente de	boletim	casca de ovo	Japão
mostarda	ameixa	Corpo de Paz	lacrosse
símbolo	cheque	fugitivo	pornografia
logotipo	jogo de damas	barranco	aterro
Nações Unidas	Anac	Havaí	remunerações
gramática	incêndio	lanterna	férias
fertilizante	florestal	enxofre	mostrador
celebração	campainha	jacaré	periquito
charuto	vinil	cobra	jarrete de
ornamento	freios	taboa	porco
doença	cavidade	girafa	excremento
papoula	leopardo	rancho	vinhas
raiz forte	equipe	vampiro	telescópio
grupo	grampo	esmeralda	avestruz
faixa	aparelho	confederação	barraca
espinafre	auditivo	berço	ouro
dividendo	via expressa	alfabeto	jazz
hospital	CIA	alface	DNA
tanque	mosquito	rena	
sonar	cereja	pincel	
sardinha	cascavel	ameixa	
encadernação	saxofone	pôquer	

Sobre o autor

Michael Michalko é um dos especialistas em criatividade mais aclamados do mundo. Realizou palestras, oficinas e seminários sobre como fomentar o pensamento criativo em clientes que incluem desde empresas listadas na Fortune 500, como DuPont, Kellogg's, General Electric, Kodak, Microsoft, Exxon, General Motors, Ford, AT&T, Walmart, Gillette e Hallmark, até associações e agências governamentais.

Como oficial do exército norte-americano, organizou uma equipe de especialistas em inteligência e de acadêmicos internacionais da Otan em Frankfurt, Alemanha, para investigar, coletar e categorizar todos os métodos do pensamento criativo. Em seguida, a equipe aplicou os métodos em diversos novos e velhos problemas militares, políticos e econômicos da Otan, produzindo uma série de ideias inovadoras e de soluções criativas.

Mais tarde, Michael aplicou essas técnicas a problemas do mundo corporativo com grande sucesso. As empresas com as quais trabalhou ficaram entusiasmadas com os resultados alcançados, e, desde então, Michael tem desenvolvido e ensinado em oficinas e seminários de pensamento criativo para empresas e clientes em todo o mundo. Visite o site www.creativethinking.net.

Esta obra foi composta em *Bembo Std*
e impressa por Gráfica Expressão e Arte sobre papel
Pólen Bold 70 g/m² para Editora Hábito.